Decadencia
A la griega

Steven Berkoff

Colección: Gran Teatro

Decadencia
A la griega

Traducción de
Rafael Spregelburd

Losada

Berkoff, Steven
    Decadencia. A la griega. - 1ª ed. - Buenos Aires: Losada, 2005.
    160 p.; 22 x 14 cm. - (Gran teatro)

    Traducción de Rafael Spregelburd
    ISBN 950-03-6315-1

    1. Teatro Inglés. I. Spregelburd, Rafael, trad. II. Título
    CDD 822

1ª edición: marzo de 2005

Títulos originales:
Decadence. Greek

©   Editorial Losada, S. A.
     Moreno 3362, Buenos Aires, 1952

Composición y armado: *Taller del Sur*
Diseño de tapa: *Ana María Vargas*
Fotografía: *Steven Berkoff*

Queda hecho el depósito que marca la ley 11.723
Libro de edición argentina

EL RUGIDO DE LA BESTIA

Actor, director, dramaturgo, Steven Berkoff (Stepney, Londres, 1937) es una de las figuras sobresalientes del teatro inglés de los últimos cuarenta años. Discípulo del maestro francés Jacques Lecoq, se formó en teatro y mimo en Londres y en París. Ha integrado numerosos elencos de compañías profesionales y dirige desde 1968 The London Theatre Group, equipo destinado a la investigación en nuevos lenguajes y espacio elegido por Berkoff para la puesta en escena de su propia dramaturgia en Inglaterra. Ha escrito una docena de piezas dramáticas originales: *East* (Este), *West* (Oeste), *Messiah: Scenes from a Crucifixion* (Mesías: Escenas de una Crucifixión), *The Secret Love Life of Ophelia* (La secreta vida amorosa de Ofelia), *Greek* y *Decadence* (A la griega y Decadencia, ambas incluidas en este volumen), *Harry's Christmas* (La Navidad de Harry), *Acapulco*, entre otras. Es autor e intérprete de una trilogía de unipersonales con los que ha viajado por todo el mundo: *One Man* (Un hombre), *Shakespeare's Villains* (Los villanos de Shakespeare) y *Requiem for Ground Zero* (Réquiem para Ground Zero). *One Man* es reescritura escénica de *El corazón delator* de Edgar Allan Poe, y en él Berkoff compone memorablemente tres personajes: un asesino, un perro y un *hooligan*. En *Shakespeare's Villains* combina la disertación sobre el teatro isabelino, el diálogo con el público y la representación de los grandes malvados shakesperianos, a partir de sus dotes excepcionales para la improvisación. En tanto director-adaptador de obras de otros autores, ha realizado versiones de *La metamorfosis* de Franz Kafka, *La Orestíada* de Esquilo, *La caída de la Casa Usher*, el cuento de Poe, y *Coriolanus* de Shakespeare. Aunque siempre ha declarado su predilección por el arte teatral, trabaja frecuentemente en el cine, en roles centrales o marginales. Berkoff considera que la industria cinematográfica es la principal fuente de dinero para mantener en carrera su repertorio escénico con absoluta independencia, sin necesidad de hacer concesiones a productores ni jurados de subsidios. Los fondos que provienen del cine sostienen The London Theatre Group sin claudicaciones. En una entrevista reciente, Berkoff afirmó frontalmente, como es común en él: "Con The London Theatre Group hemos conseguido mantenernos durante tanto tiempo haciendo muchos esfuerzos y luchando por sobrevivir en un mar de escoria, mediocridad y banalidad".[1] Ha participado en varias decenas de películas, de arte y comerciales, de diversos estilos y circuitos. Mencionemos sólo tres como muestra de heterogeneidad: *La naranja mecánica, Octopussy* y *Rambo*. Es director y coprotagonista, junto a Joan Collins, de la versión fílmica de su drama *Decadencia*. Ha realizado además adaptaciones para la televisión, entre ellas, la de *Greek*.

Las piezas de Berkoff publicadas en esta edición son expresión de un creador brillante y entroncan con tendencias y procedimientos representativos de la dramaturgia británica y de la escena europea en las dos últimas décadas del siglo xx. Se pueden destacar cuatro líneas estéticas principales, de gran vigencia en los ochenta y proyectadas

---

[1] Entrevista de Itzíar de Francisco, *El Cultural*, Madrid, España, 29 de diciembre de 2004.

hasta hoy con fuerza, de las que la producción de Berkoff participa centralmente, a su manera:

- el reconocimiento de la especificidad de un tipo de *dramaturgias escénicas*, de escritura híbrida, compuestas desde el cruce de literatura y escenario. Estas dramaturgias escénicas desplazan el concepto convencional de literatura dramática, y permiten releer tradiciones con antecedentes notables en la historia del teatro de Inglaterra (empezando por el mismísimo William Shakespeare) y en toda Europa (a través de la *commedia dell'arte* y Molière, entre otros exponentes);

- el auge de las poéticas "menores", que se distancian y diferencian deliberadamente de los grandes modelos internacionales del siglo XX para imponer otras formas de subjetividad e identidad alternativas. Este teatro "menor" es consecuencia del eclipse de las grandes poéticas planetarias (aquéllas que en otras décadas se practicaban sincrónicamente en diversos escenarios de todo el mundo) y expresa la paradójica internacionalización de la regionalización propia de los campos teatrales de los últimos treinta años, el "espejo trizado" de miles de poéticas menores que constituyen lo que hemos llamado el canon de la multiplicidad;[2]

- la creación de nuevas formas de producción de sentido político, al margen de los modelos de "teatro político" de Bertolt Brecht, Erwin Piscator, el realismo socialista, el drama social norteamericano a lo Arthur Miller, el teatro documental de Peter Weiss o la creación colectiva latinoamericana impulsada por el colombiano Enrique Buenaventura;

- las tensiones entre dramaticidad y postdramaticidad,

---

[2] El mismo fenómeno se verifica en Francia y en la Argentina. Véanse los dos tomos de *Teatro francés hoy*, Buenos Aires, Atuel, 2004.

o sea, el trabajo en el seno de los mundos teatrales con la inestabilidad de las relaciones entre ficción y no-ficción, representación y presentación (o performance), metáfora y experiencia directa de la vida. En el teatro de los últimos treinta años, se ha acentuado notablemente esta permanente "caída" de la ficción (o representación) en brazos de la percepción del teatro como una tarea humana que se realiza ante los ojos del espectador, el personaje desplazado por la visión del cuerpo afectado del actor.

Los dramas de Berkoff son "obras de teatrista", es decir, un tipo de creador teatral que suma en sus competencias diversos oficios sin diferenciarlos: actor, director, dramaturgo, adaptador, gestor, otros. Obsérvese que en el programa de mano del estreno mundial de *Decadencia* (1981) Berkoff figuraba a la vez como autor, director y actor (a cargo de los personajes de Steve y Les). En su naturaleza de dramaturgia escénica, los textos de Berkoff resultan equiparables a los del italiano Dario Fo o del argentino Eduardo Pavlovsky. Para escribir su teatro, Berkoff se vale de sus múltiples saberes de escritor, puestista e intérprete. De tal manera que crea, a la vez, desde la monodia de la letra escrita, desde el espesor tridimensional del espacio escénico y desde la intensidad de la experiencia de convivir, en dicho espacio, con otros actores y con los espectadores. Esa multiplicidad aparece inscripta en la textura de sus obras. Berkoff rubrica la expresión ancestral "El teatro sabe"; su obra no es libresca ni estrictamente verbal, está hecha de esos conocimientos y técnicas que sólo provee la experiencia de la teatralidad. *Decadencia* y *A la griega* son en ese sentido expresiones de una dramaturgia híbrida, a la vez escritura de gabinete –al margen y *a priori* de la actividad de puesta– y escritura escénica –generada durante y *a posteriori* de la experiencia de trabajo sobre el escenario.

Si algo destaca el estilo teatral de Berkoff es su ferocidad política, su capacidad para expresar escénicamente la violencia social y para violentar simbólicamente esa violencia. El dramaturgo elige la fórmula de un teatro feroz que sólo a través de esa ferocidad puede dar cuenta de un mundo despiadado, agresivo a la enésima potencia. Lo dice Eddy en *A la griega*: "Desde chico estás metido en la violencia y papá mismo se encarga de meterte entre las excitadas orejitas que no hay que amar sino odiar todo / él te ha dado de comer la historia de su bendito pasado para que tengas motivos". Los mandatos a poner en práctica en la sociabilidad quedan a la vista en los parlamentos de Eddy y el Gerente durante el duelo de ambos: "Pegar, herir, crujir, sufrir, apuñalar, destripar, destrozar, odiar, faenar, desgarrar, mutilar, someter...", y la lista sigue, hasta la muerte. Conciente de que la escena no puede competir en materia de violencia con la sociedad y la historia, porque la realidad supera en este sentido a la ficción y al símbolo, Berkoff diseña poéticas que preservan la capacidad de choque y cuestionamiento del teatro, su poder de regresar sobre lo social para modificarlo. De alguna manera, la búsqueda de un teatro feroz, a la medida de los tiempos presentes, queda sintetizada en el "asesinar con palabras" de la escena de *A la griega* en la que Eddy mata al Gerente. "Jamás había reparado en que las palabras pueden matar", afirma la Camarera. Tal es el sueño de Berkoff: un teatro cuyas palabras tengan la potencia de un arma, pero no para multiplicar la muerte, sino para construir un reparo frente a la violencia social, enfrentarla y combatirla. Un teatro que encarna "el rugido de la bestia, la bestia de la frustración y del enojo", como dice Berkoff en el prólogo a *A la griega*. Un teatro de reacción indignada que no se contenta con la resignación irónica bajo protesta. Un teatro de la revuelta y la camorra, contra el otro teatro, el del "lavado de cerebro"(véase *A la griega*, Acto Primero, Escena 3).

En *A la griega* (1980), retoma el lenguaje de la tragedia clásica y, a partir de la obra de Sófocles, reescribe el mito de Edipo para dar cuenta de "la peste británica", del "basural inimaginable" en que se ha convertido Inglaterra bajo el gobierno de Margaret Thatcher. Berkoff define esta pieza como "mi *Edipo* moderno". El dramaturgo expresa el peor diagnóstico de su patria: "En mi visión, Gran Bretaña se apareció como una isla encerrada en su podredumbre gradual, rapiñada por hordas errantes sin ninguna perspectiva de futuro en una sociedad que tenía pocos ideales y mensajes que ofrecer". El punto de vista asumido por Berkoff en *A la griega* es el de las clases más bajas, y no es justamente una visión idealizada ni simpática, ya que los trabajadores portan –en términos de Wilhelm Reich– el microfascismo que reproduce a menor escala el modelo de las clases dirigentes: "Hay un montón de admiradores de los nazis entre los ingleses más miserables", dice Eddy.

Complementariamente, en *Decadencia*, estrenada un año después, Berkoff construye una imagen negativa de la alta burguesía inglesa, con el objetivo de enfrentar –por extensión– a la clase dirigente de Gran Bretaña y –en particular– al conservadorismo de Thatcher, su liberalismo a ultranza y su antisocialismo. El título de la pieza sintetiza esa visión negativa de Berkoff. La decadencia de los gobernantes es extensible metafóricamente al estadio histórico de la Inglaterra toda, y en otra escala a la Europa en la que ya se vislumbra con certeza, diez años antes de la caída del Muro de Berlín y la disolución de la URSS, la crisis de representatividad mundial de la izquierda y el auge de los discursos mesiánicos de la posmodernidad y la nueva derecha internacional. A partir de las relaciones del matrimonio de Sybil y Steve con sus respectivos amantes –Les y Helen–, Berkoff distingue dos niveles sociales dentro de la burguesía: uno tradicional, de "linaje", heredado de padres a hijos (al que pertenecen Helen y Steve), y otro producto de la movilidad social, fruto del trabajo y el ascenso gracias al dinero (el correspondiente a Sybil y Les). La distinción vale: el primero se caracteriza por su corrupción e improductividad, pero también por su "clase", por su naturaleza atractiva y "encantadora", que sin esfuerzo manifiesta superioridad sobre los otros hombres. El segundo aspira a ser igualmente parasitario y corrupto, pero resulta burdo, tosco, brutal, sin el encanto del otro. El segundo odia, envidia, compite y sueña con volverse el primero, porque como dice Eddy en *A la griega*: "lo que este mundo anhela es el poder, la clase y la forma". Berkoff cumple una función desenmascaradora no sólo de la reacción antiizquierdista del thatcherismo sino también del pensamiento racista, xenófobo y sectario, antisemita y antiirlandés propio de la alta burguesía. Desenmascara, además, formas de educación e impugna la dinámica de los vínculos familiares. Los dos niveles son mostrados "de puertas adentro", en cuartos privados; los personajes aparecen en su intimidad, puestos en evidencia en sus pensamientos y su ética detrás de una "cuarta pared" invisible: allí son seres feroces, agresivos, cínicos, brutales, malhablados, groseros, irónicos, malintencionados, sin una pizca de amor hacia el prójimo, dotados de una violencia suprema. Berkoff devela esa intimidad como obscenidad, es decir, como aquello que no debería ser mostrado en escena: el teatro revela aquello que se trata de ocultar en la escena social.

En *A la griega*, Berkoff retoma los núcleos invariantes del mito de Edipo –el oráculo, el viaje, el parricidio, el incesto, la Esfinge– pero modifica el desenlace. Tras la anagnórisis (el reconocimiento de la trama en la que encuentran envueltos), Eddy no se arranca los ojos ni se aleja hacia el destierro, ni su madre-esposa se mata. Por el contrario, siguen viviendo normalmente. Berkoff descubre que para preservar el impacto político originario de la tragedia griega –en términos de Aristóteles, producir las emociones de la catarsis trágica: el horror y la piedad–, Edipo no debe cegarse sino hundirse irresponsable y libremente en el incesto, sin remordimiento ni represión. ¿Sigue siendo horroroso ver a Edipo autocastigarse, o acaso no es más horripilante verlo vivir impunemente? Un Edipo sin castigo, ilimitadamente parricida e incestuoso, devuelve al espectador contemporáneo al sentimiento de la tragedia: el horror no radica en la *hamartía* (error trágico) ni en la *hybris* (el empecinamiento en el error) ni en el acontecimiento patético, sino en la ausencia de ley correctora.

Un Edipo sin justicia poética, reversión intolerable de las matrices moralizantes del teatro occidental: ¿puede concebirse mayor violencia simbólica? El Edipo de Berkoff transgrede las dos grandes prohibiciones sobre las que se funda la civilización: el incesto y el crimen dentro del clan de sangre, y no se rectifica. En consecuencia, borra el límite que separa a los hombres de los animales, según la acertada afirmación del antropólogo Claude Lévi-Strauss. Lo humano ha desaparecido en el mundo de Eddy, nuevo mundo en el que la degradación de los hombres ya no permite diferenciarlos de los animales, peste "que sigue floreciendo", donde "hay algo podrido que se niega a morir". Un Apocalipsis permanente en el que todas las noches "la luna vira al rojo sangre". Si en *Decadencia* el dictamen de Berkoff sobre la situación histórica y social está inscripto en el título de la pieza, en *A la griega* se trata de la regresión al orden animal.

Frente al eclipse de las grandes poéticas internacionales –el realismo socialista, el realismo dialéctico brechtiano, el teatro de la "despalabra" beckettiano, la parodia paroxística de Ionesco, el teatro documental de Weiss, el happening y otras formas de la posvanguardia vigentes en los años de la postguerra–, Berkoff recurre a la construcción de un teatro singular, propio, de rasgos peculiares, que resulta de una combinatoria de procedimientos heterogéneos provenientes de diversa fuente.

Se trata de una poética "menor" pero de fuerte impacto político en tanto produce acción con sentido social dentro de un determinado campo de poder (la sociedad británica, ya sea la clase dirigente en *Decadencia* o los trabajadores en *A la griega*), para incidir en las relaciones de fuerza de dicho campo de poder. Berkoff enfrenta a la derecha desde una subjetividad alternativa crítica, que no reivindica una posición articulada desde los grandes discursos de representación de la izquierda. De esta manera es precursor del ejercicio de una política de la resistencia crítica desde el teatro, desde la expresión artística en sí misma, sin ilustración partidista, algo que hoy es moneda corriente en los teatros de todo el mundo.

Berkoff tiene una gran capacidad para dar respuesta crítica a los desafíos históricos de su tiempo, se actualiza permanentemente de acuerdo a las mutables condiciones sociopolíticas. Este atributo entronca políticamente a *Decadencia* y *A la griega* con la fuerte tradición de literatura satírica que data de los orígenes mismos de las letras inglesas, como evidencia, por ejemplo, el recurso a los juegos de palabras del tipo "Maggot Scratcher"/Margaret Thatcher (*A la griega*, Acto Primero, Escena 4).

Berkoff recupera, de la matriz del realismo, su capacidad de poner en correlación los mundos poéticos teatrales y la sociedad, la ilusión de que el universo dramático establece un vínculo de representación con el régimen de experiencia del mundo real. Construye personajes claramente identificables en la sociedad, cuya conexión con lo real explicita en los breves prólogos que abren sus obras –incluidos en esta edición–. Hace que esos personajes hablen de su tiempo y su sociedad. Defiende también la posibilidad de valerse del drama para la exposición de una tesis: a través de *Decadencia*, sostiene que en Inglaterra ha tomado el poder un sector decadente de la sociedad británica, y se ha iniciado de su mano la decadencia del siglo xx; en *A la griega*, muestra al pueblo inglés sumido en la peor de las corrupciones y en la degradación.

Pero el suyo no es un realismo completo, porque quiebra otros niveles del efecto de lo real: no recurre al verismo sensorial, rompe la imagen escénica y la estructura narrativa del realismo tradicional del siglo XIX, combina un teatro del relato con un teatro de la escena, para reivindicar una mimesis específica de la teatralidad, un lenguaje propio de las tablas. Uno de los procedimientos más llamativos de *Decadencia*, por ejemplo, es el del contraste entre la abundancia de lo referido verbalmente (por ejemplo en las escenas donde se refieren las comidas o la cacería) y el vacío de accesorios en el escenario (sólo un sillón). Berkoff encuentra que la mejor forma de referir los excesos de la alta burguesía es la ausencia. En *A la griega*, el dispositivo escénico de las sillas no reivindica ningún realismo. Cruza entonces evocación de lo real y autonomía del lenguaje teatral, mimesis realista y mimesis teatralista, esta última especialmente desde las posibilidades de la multiplicidad narrativa del actor.

Para su poética alternativa de enfrentamiento a la derecha, Berkoff no recurre al realismo socialista, rechaza el modelo maniqueo de personajes positivos (proletarios o dirigentes anticapitalistas) y negativos (representantes del capitalismo). Si, como ha observado Jacques Derrida, todo campo político diseña un mapa de amigos, enemigos, neutrales y aliados potenciales entre los diversos sectores involucrados, en las obras de Berkoff no se vislumbran los amigos o los aliados de su ideología. En *Decadencia* y *A la griega*, todos los personajes son negativos. Tanto los trabajadores humildes de *A la griega* como la alta burguesía parecen confluir en una certeza repudiable para Berkoff: "La Thatcher es nuestra última esperanza". El modelo del "buen inglés" tiene "las fotos de sus héroes todos en el living de la casa: Hitler, Goebbels, Enoch, Paisley y Margarita [Thatcher]". El personaje positivo se ha ausentado y no se intuye quién podría encarnarlo: el rugido de Berkoff es pesimista y bordea el nihilismo. La visión de la clase trabajadora es profundamente crítica, no pone en ellos una esperanza de representación positiva. Pero, además, Berkoff distingue uno de los niveles de la alta burguesía de *Decadencia*, el de Helen y Steve, con rasgos de inteligencia, exquisitez y refinamiento. La suya no es una sátira burda y esquemática, sino escrita desde el conocimiento interno de los ángulos de afección y experiencia del mundo de la alta burguesía. Berkoff conoce e investiga desde adentro a la clase dirigente inglesa; lleva a escena el régimen de su subjetividad de clase, recorre su peculiar cartografía, eso sí, para impugnarla.

Estos monstruos son frecuentemente deliciosos, y a través de esa paradoja Berkoff multiplica la potencia política de su sátira. "Los malvados son muy atractivos", nos señaló Berkoff en una entrevista realizada con motivo de su visita a la Argentina, en 1999, para la presentación de su unipersonal *Shakespeare' Villains* en el *II Festival Internacional de Buenos Aires*.

Tampoco Berkoff echa mano al realismo dialéctico brechtiano: si bien su visión de análisis histórico es de base materialista, Berkoff no muestra una salida, ni siquiera el asomo de una solución, salvo la del ejercicio de la resistencia crítica desde la producción misma del acontecimiento teatral. La suya no es una dramaturgia "con valores" a enseñar, portadora de mensaje a transmitir sobre cómo deberían hacerse las cosas, sino que el valor mismo está en la radicalidad del enfrentamiento de la derecha desde el ejercicio de la teatralidad. El teatro mismo es un valor político por su capacidad develadora de la naturaleza de la vida y los mecanismos de sociabilidad. De acuerdo con el realismo, *Decadencia* deja ver mejor la sociedad.

En *Decadencia* dos actores, un hombre y una mujer, se hacen cargo de dos personajes cada uno. Se trata de seres bien diferentes, de rasgos contrastantes. Los actores deben componer la oposición Helen-Sybil y Steve-Les nítidamente para favorecer la intelección de la pieza. Avanzada la historia, las mutaciones y pasajes de un personaje a otro comienzan a ser más veloces y fragmentarios (como en la Escena 10). En la última escena de la pieza, Helen y Steve deben "envejecer en la resolución de sus vidas corrompidas", con la consecuente quiebra de la gradación tradicional de las situaciones. En *A la griega*, cuatro actores deben componer numerosos personajes, e incluso el coro trágico. En ambas piezas, por lo tanto, el espectador no asiste sólo a la ilusión de ver en escena la sociedad, sino también y especialmente a la proeza del trabajo de los intérpretes. Se expecta a los personajes, pero sobre todo a los actores en su esfuerzo de trabajo. La mirada del espectador va del personaje al actor y viceversa, y muchas veces percibe a ambos simultáneamente. De esta manera, Berkoff maneja magistralmente las tensiones entre dramaticidad y postdramaticidad, a las que antes nos referimos como rasgo sobresaliente de la dramaturgia y el teatro de las últimas décadas. Jugar con las tensiones entre representación y presentación actoral otorga gran multiplicidad a su poética, que estratifica diversos niveles de realidad y movimientos de velocidad diversa en el pasaje de un nivel a otro. *Decadencia* y *A la griega* son narrativas de personajes pero también de intensidades y velocidades, de cuerpos actorales afectados, algo propio de la dramaturgia híbrida, como en los casos de *Misterio bufo* de Fo y *Rojos globos rojos* de Pavlovsky.

Pero además la postdramaticidad es una herramienta ideal para la construcción de los personajes de Steve y Helen, en tanto la alta burguesía ha usurpado la teatralidad al teatro, su realidad es más teatral que la escena. Steve y Helen son exponentes ejemplares de la "cultura del espectáculo", en términos de Guy Debord. La postdramaticidad pone el acento en esa pérdida de los límites precisos entre representación y presentación, no sólo en el teatro sino en la vida misma. En el siglo XVII, Shakespeare y Calderón de la Barca pudieron hablar de un *Teatro del Mundo* a partir de la metáfora de un Dios-dramaturgo que otorga al Hombre-actor estatuto de personaje y lo hace entrar al Mundo-escena por la cuna y salir por la tumba. A fines del siglo XX, Berkoff pone el acento en que el *Mundo* de aquella fórmula ancestral se ha ausentado o al menos desaparece intermitentemente; la metáfora ahora vigente es la del *Teatro* [¿del Mundo?].

La naturaleza teatral de la alta burguesía se derrama a la realidad toda, en un proceso que Berkoff supo ver tempranamente y que en los últimos años ha profundizado los fenómenos de desdelimitación entre la vida y el espectáculo. Berkoff parece afirmar, de esta manera, que Margaret Thatcher y los poderosos burgueses de su Inglaterra contemporánea son mejores actores que los integrantes de su compañía. Quienes, por otra parte, son excelentes.

Esta edición invita a los lectores del mundo hispánico a encontrarse con textos "rugientes", cuya fuerza política no se ha aplacado con el paso de los años.

JORGE DUBATTI

TRADUCIR A BERKOFF

A Steven Berkoff, le debo no sólo una gran admiración, sino también el hecho de haber decidido volcarme parcialmente a esta actividad insólita, criminal, poco remunerada y siempre criticada que es la traducción. Llegué a Berkoff a través de un encargo: el director Rubén Szuchmacher quería —necesitaba— que la traducción de *Decadencia* recayera en manos de un dramaturgo. Porque traducir a Berkoff implicaba reinventar un lenguaje. Me propuso la tarea, y yo acepté con entusiasmo, casi inmediatamente, seducido por esa métrica imposible, esa ensalada mestiza de registros de lengua inconciliables, eso tan raro que puesto todo junto es absolutamente coherente y personal y que se llama Steven Berkoff.

Acepté con entusiasmo, y con temor. Sabía que un autor no podría "lavar" su opinión frente a la presunta "ventaja de objetividad" del traductor. Pero al mismo tiempo parecería que no hay nadie mejor que un dramaturgo (en tanto jornalero del lenguaje) para devolver a una obra en lengua extranjera el impulso vital que late en el corazón de su propio idioma, en este caso, un sistema ilógico de rimas y connotaciones. Cito a Paul Auster, a propósito de este tema:

"El poder de hacer rimar las palabras y de transformarlas no se puede desechar. La sensación mágica continúa aunque no podamos relacionarla con la búsqueda

de la verdad; y esa misma magia, esas mismas corres-
pondencias entre palabras están presentes en todas las
lenguas, a pesar de que las combinaciones particulares
sean diferentes. En el corazón de cada idioma hay una
red de rimas, asonancias y significados múltiples, y
cada uno de estos fenómenos funciona como una espe-
cie de puente que une entre sí aspectos opuestos y contrastantes del mundo. El lenguaje, por lo tanto, no es
una simple lista de objetos distintos a añadir, cuya suma
total equivale al mundo. Por el contrario, tal como aparece en el diccionario, el lenguaje es un organismo infi-
nitamente complejo, cuyos elementos –células y
tendones, corpúsculos y huesos, dedos y fluidos– están
presentes en el mundo de forma simultánea y ninguno
de ellos puede existir por sí solo; pues cada palabra es
definida por otras, lo que implica que penetrar en cualquier parte del lenguaje es penetrar en su totalidad."[1]

Decadencia supuso un largo proceso. Mientras tradu-
cía, no podía dejar de pensar que escribir una obra nueva
hubiera sido una tarea más sencilla, y menos peligrosa.
Mi primera versión fue una versión literal, en la que apenas sí se daba cuenta de la "información fáctica" conteni-
da en la pieza. De más está decir que esta versión no serviría
más que para conocer el argumento (si es que hay tal cosa)
de la obra. La segunda versión estaba opinada: en ella se
reescribían muchas ideas e imágenes a partir no sólo del sig-
nificado (del *dictum* propuesto por el autor) sino también,
y fundamentalmente, de la música y la rima del texto. Esta
versión era larguísima. El castellano tiene una lógica sin-
táctica mucho más redundante que el inglés, lenguaje en
el que una sucesión de monosílabos casi onomatopéyicos

---

1 En *La invención de la soledad*, de Paul Auster, Ed. Anagrama.

puede desplegar imágenes inmensamente complejas en la cabeza de quien escucha. Además, yo me había propuesto una fidelidad esquizoide: quería que las frases rimaran en los mismos lugares donde a Berkoff le habían rimado, y esto no es nada fácil cuando las rimas son internas, poco evidentes. Para lograr este pequeño milagro, faltaba la voz en alto. Y quien la aportó, en esta tercera versión, fue la decisiva intervención de Ingrid Pelicori, la actriz elegida por Szuchmacher, quien me ayudó a pulir algunas líneas claves para que el texto fuera –además– decible.

Yo estaba trabajando en Barcelona cuando director y elenco (Ingrid Pelicori y Horacio Peña) comenzaron los ensayos, así es que decidimos que Ingrid firmaría la adaptación junto conmigo, ya que ellos no querían modificar nada sin mi autorización, y yo estaba lejos para autorizar nada, lejos y en los años –recientes– en los que no había e-mail. Así fue que esta versión definitiva viajaba de un hemisferio a otro escrita a mano, por fax y por correo, y en ella cada palabra manuscrita daba cuenta de cuánto le tiembla el pulso al traductor que debe decidir un adjetivo por otro, o una rima insólita en un lugar ríspido, o eludir un artículo para ganar una sílaba. Además, la obra de Berkoff obliga a optar por alguna forma de lunfardo, una suerte de equivalente del *cocknie* londinense. Y cada incursión en la forma de hablar de los porteños abría miles de nuevas posibilidades.

No obstante el mayor problema seguía estando en que Berkoff inventa en su desaforada imaginería un *cocknie* que ni siquiera existe. Este mecanismo por el cual se presenta una frase absolutamente novedosa encubierta bajo la forma de una supuesta "frase hecha" (dudosamente acuñada por una clase social determinada, o por habitantes de un barrio delimitado por calles más o menos supuestamente concretas) me es definitivamente muy afín. La lectura de Berkoff pone a cualquier traductor ante la duda existencial: ¿será esto una frase hecha que "quiere decir" otra cosa, o se trata de un salto profano hacia lo poético? En cualquier caso, es mentira que lo disparatado de algunas expresiones no signifiquen nada al ser traducidas tal cual. Son ataques letales a nuestro uso racional de la lengua, y ganan en atractivo y sorpresa y revelación lo que pierden en potencial comunicativo, informativo. (La comunicación en términos estrictos es más efectiva cuanto más confirma la información que ya se tiene del mundo. Y es evidente que esto al arte le interesa poco.) El equívoco genera relieve, y deviene en "textura". Es de esa textura, de ese *patchwork berkoffspregelburdiano*, del que estoy finalmente tan orgulloso, como autor que deviene por la fuerza en improbable traductor.

La puesta de Szuchmacher y el trabajo de los intérpretes eran impecables. La reputación del espectáculo permitió además que mi traducción se haya empleado en otros países de habla hispana. Pero sobre todo, me ha abierto el camino para lo que vendría después.

Así llegué luego no sólo a *A la griega* sino también a al propio Berkoff, a quien conocí personalmente.

A la griega era aparentemente más sencilla, al menos por el hecho de que no estaba escrita en esa endemoniada métrica con aires remotamente shakespearianos que flota todo el tiempo en *Decadencia*, o en *Hundan el Belgrano*.[2] Sin embargo, *A la griega* me enfrentó a un uso tan descarnado, violento y a la vez cómico de la lengua, que puso a prueba mi imaginación y los límites del castellano a la hora de equipararnos a la asombrosa riqueza de Berkoff para hacer de la forma de hablar un campo de batalla sangrien-

---

2 *Sink the Belgrano* es una suerte de comedia musical sobre la guerra de Malvinas.

to y pestilente. La descripción de la peste que se abate sobre Tebas/Londres, por ejemplo, es de una precisión tal en sus violentísimas imágenes que permite prescindir de cualquier otro artificio de puesta en escena que no sea la palabra. Su lenguaje, si bien emplazado en una estructura clásica, me atrevo a decir "culta", hace uso de todas las aberraciones y ofensas posibles: es una agresión bella y explícita a la comunidad de sentido que emplea esa lengua determinada (el inglés, en su caso; el castellano en el nuestro). Es que Berkoff –un actor inquieto y polémico– entiende, sin más, que el teatro *debe* ser ofensivo, debe ser contra-cultural y sacudir al público, lo cual puede parecer una perogrullada pero es algo muy valiente en un contexto teatral tan purificado, tan patinado de *cultura del entretenimiento* como lo es el británico. A Berkoff, no le interesa el teatro como mero entretenimiento de una clase. De cualquier clase.

Pero, más aun que en *Decadencia*, el monstruoso laberinto en *A la griega* es más bien ideológico antes que lingüístico (si es que ambos campos pueden ser separados sin incurrir en una ingenuidad aberrante.) Tal como he observado, y según me explicó el propio Berkoff –en un borbotón de contradicciones y anécdotas–, el público reacciona a esta reescritura berkoffiana de *Edipo* en primera instancia por el tratamiento brutal del *tema*, antes que por su uso del lenguaje.

No deja de sorprenderme la preocupación que despierta el tratamiento del incesto que hace Berkoff, donde según una lógica absolutamente personal, montada en aspectos particulares de su desarrollo argumental, muchos espectadores leen inequívocamente una legalización moral del incesto. Recuerdo que en un debate al que asistió el autor, y en el que oficié de improvisado intérprete, alguien del público, citando de viva voz a Freud, esperaba de Berkoff una explicación "legalizadora", como si *alguien* tuviera la autoridad de sugerir a las madres que de pronto ya no era tan malo copular con sus propios hijos. Es revelador escuchar en sus propias palabras algunos comentarios al respecto:

> "El incesto en la obra es puramente argumental, no tiene mayor importancia. Lo que sí importa es el horror de la violencia, pero esta violencia no es la que engendra el incesto. Por otra parte, el amor tiene una fuerza tremenda, y la pasión, en cualquiera de sus formas (y la de Edipo es una de ellas) tiene una fuerza desmesurada cuando persigue un objetivo."

Traducir a Berkoff es siempre difícil pero muy estimulante. A mí, particularmente, me ha decidido a seguir traduciendo, no sólo otras obras de Berkoff, sino también a autores cuya obra bien merece ser leída por nuestro entorno teatral: Harold Pinter, Wallace Shawn, Sarah Kane, David Harrower, Gregory Burke, Martin Crimp, Mark Ravenhill, Caryl Churchill. Pero además, como autor, estoy cada vez más convencido de que no hay grandes diferencias de fondo entre *escribir* y *traducir*. Creo que toda escritura, incluso la propia, consiste de alguna manera en una forma de traducción: pasaje de un sistema de signos (la realidad, por ejemplo) a otro (el teatro). Tanto el traductor como el escritor trabajan con una misma lógica: pasar algo de un lenguaje a otro.

Berkoff sigue activo y feroz. Y se ha ganado un lugar de raro privilegio, y de constante polémica, en un entorno que no es nada fácil, teniendo en cuenta el peso casi ineludible en el Reino Unido del teatro como máquina de producir dinero y entretenimiento sencillo. La obra reciente de Berkoff incluye, por ejemplo, *Mesías*, en la que Jesús y sus discípulos planean en conjunto su propia inmolación como una estrategia de marketing para legalizar las profecías del Viejo Testamento. La obra está escrita en un semiverso. Jesús y su séquito hablan un dialecto prácticamente de mafia. Y para mí, el desafío está planteado.

RAFAEL SPREGELBURD

Decadencia

(1981)

Personajes:

Helen / Sybil
Steve / Les

Decadencia fue estrenada en el New End Theatre, Hampstead, Londres, el 14 de julio de 1981, con el siguiente reparto:

Helen / Sybil	Linda Marlowe
Steve / Les	Steven Berkoff
Director	Steven Berkoff

Una nueva puesta de *Decadencia* se presentó en el Teatro de Wyndham el 25 de febrero de 1987.

Traducida al francés por Geoffrey Dyson y Antoinette Monod, se estrenó el 9 de febrero de 1995, en el Théâtre National de la Colline, en París con el siguiente reparto:

HELEN / SYBIL   Christiane Cohendy
STEVE / LES   Michel Aumont

Director   Jorge Lavelli

Traducida al castellano por Rafael Spregelburd, en versión de Ingrid Pelicori y Rafael Spregelburd, la obra se estrenó el 13 de marzo de 1996, en el Teatro Municipal General San Martín, Sala Cunill Cabanellas, en Buenos Aires, con el siguiente reparto:

HELEN / SYBIL   Ingrid Pelicori
STEVE / LES   Horacio Peña

Director   Rubén Szuchmacher

Preparación corporal   Susana Yasán
Ambientación y vestuario   Jorge Ferrari
Musicalización   Edgardo Rudnitzky
Iluminación   Gonzalo Córdova
Ayudante de dirección   Cristian Drut

NOTA DEL AUTOR

Decadencia es un estudio de las clases dirigentes o clases superiores, así llamadas en virtud de sus tonos vocálicos estrangulados, más que por cualquier logro real. La voz es atrapada en el fondo de la garganta, aplastada de modo de liberar la mínima emoción posible. Las consonantes son duras y cortantes, dado que la emoción se transporta en la vocal. La clase superior aspira la vocal, o bien produce un corte glótico, lo cual genera -mediante el cierre de la glotis- una vocal impura, como en "hice" por "house". Ellos se mueven en desagradables gestos apresurados o en rápidos sacudones y a veces hablan a grandes velocidades para aparentar no tener ningún sentimiento por aquello que dicen. Muy a menudo obtienen placer en relación directa al dolor que causan para obtenerlo. Particularmente causando sufrimientos intolerables para lograr exquisitos patés, hirviendo langostas vivas con otros crustáceos y cazando animales indefensos para proporcionarse (los cazadores) un sentido de propósito los domingos.

Estas actividades sólo pueden lograrse opacando las emociones que brotan de la conciencia y aumentando la actividad sadomasoquista. La emoción por los otros, los sentimientos de altruismo y generosidad tienen que ser suprimidos para poder tolerar el estilo de vida que han adoptado. Las escuelas de ricos ayudan a fomentar la imagen de superioridad sin mérito y la represión de la sensualidad. El énfasis está puesto en imponer la propia voluntad a los colegas menores, lo cual a su vez engendra la futura clase de magistrados y funcionarios. La gente de clase alta a menudo cuando está en grupo hace regresión a comportamientos de simple infantilismo, ya que ésta es la única oportunidad que tienen de escapar hacia la infancia que les fuera amputada por su internación en la escuela a una temprana edad. Se los ve a menudo con una fijación anal, sin haber podido hacer un progreso natural hacia la madurez. La igualdad es un sentimiento desagradable, mientras que ser mandado o mandar produce fluidez en el discurso y las acciones. La igualdad sugiere que la acción de dar debe ocurrir en un nivel de paridad y formula exigencias para cuyo abordaje ellos no han sido equipados. Por eso devienen malos amantes, pero se sabe que son muy decentes con la servidumbre y extremadamente leales a la realeza, que para ellos representa el ápice de todos los logros y la suma total de lo inglés.

ACTO I

ESCENA 1

(Piso negro. Un decorado blanco. Mujer de negro. Hombre en blanco y negro. Una mujer está sentada en un sofá de cuero negro. Suena la música, un disco de Ambrose[1] de los años cuarenta. Un hombre de frac y cuello de pajarita está parado, cerca de ella, en pose de gélida alegría aristocrática. Permanece congelado hasta que habla, además de encender el cigarrillo de la mujer. Todos los cigarrillos y tragos son mimados con gran énfasis para extraer la mayor cantidad de absurdo de la respuesta física. La actuación debe ser sensual, erótica y extravagante.)

HELEN: Qué rico sos que llegaste en hora / amor mío ¡salvaje! / Dios, se te ve tan divino. Cómo me aburrí / tomemos un trago / ¿qué...? / ¡Claro! Un Drambuie con soda y un chorro de Cinzano...con un montón de hielo / me aburrí tanto dando vueltas y buscando un nuevo encanto, alguno, para que quieras devorarme como desayuno *(Levantándose la pollera)* Charmant, n'est-ce pas? / ¿No te hace poner viscoso? / ¿No te corre un espasmo por atrás? / ¡Basta de hielo! Mi cielo, qué lindo estás. ¿Te gustan mis piernas? / ¿no te encantan mis adornitos? / ¿no te ponen un poquito caliente? /

---

[1] Grupo de música inglés.

besame / suavemente / no me manches ahora / un toque
apenas / un roce, un instante / me voy a preparar / se
hizo tan tarde, no pude encontrar un puto taxi / oh,
cómo detesto perderme la primera escena, el beso primero / ¿qué es lo que vamos a ver? / ¡el nombre de la
obra, me refiero! / los taxis se habían hecho humo / al
salir de Harrod's no había ninguno / estiré un brazo /
me sentí Moisés / ¿qué fue lo que hizo? / alzó sus brazos al cielo por sus queridos hebreos / mientras man-
tenía su brazo en las alturas, la victoria de sus tropas
se veía segura pero cuando el cansancio lo obligó a
bajar el gesto / no quedó un solo moishe cuya nariz
no sangrara en su puesto / no dijiste una palabra /
pero se te ve tan sabroso / un pingüino en un hielo
que flota / o un merengue delicioso / un look gay /
¿tenés un pucho?... ¡hmm! ¡Se llenan los ojos de humo!
¡Mierda! Oh, perdón / ¡teta! ¿Listo, corazón? ¿Dónde
cenamos, después?... / sorprendeme, querés, dame una
emoción / mientras pueda tragarme un pedazo de carne jugosa / tengo un hambre de vampiro / si no como
pronto juro que expiro / ¿cómo pasaste la jornada? /
tu pequeña esposa bien segura y bien guardada / vení,
abrí esa boca y encandilá mis oídos / vení, amor... / estás
caído / cerca del llanto / qué te hice... mierda... se te
ve mal / ¿qué pasa, encanto?

STEVE: La guacha tramposa / no te imaginás / no tanto hielo, amor / le da gusto a vieja / me preguntás la causa de
mi queja / esperá a escuchar lo que tengo que decir /
desabrochate los oídos y dejame inundarlos de verbos y
hacer de tu mente un tumulto de nervios / la hija de puta
se volvió astuta / de golpe decide pagar un sabueso con
nariz de judío / un detective a sueldo por si no me expli-
co / para seguirme a tu guarida / y ahora temo que el
juego acabó querida / la grandísima cerda se avivó cuan-

do tantas noches sin semen / la llevaron a pensar que yo
no estaba vaciando mi tetera en su fétida bañera /

HELEN: Oh, carajo, querido /

STEVE: Eso está bien dicho /

HELEN: No te preocupes cielo / no hay nada que temer /
decile que tu erección se fue un tiempo en viaje de placer / un merecido feriado por todo el stress que implica ser un hombre destacado / y que hacerte de un lugar
obliga a la verga a pensar / sus celos son sombras pintadas / aliviá un poco su amargura / y dale algún bocado debajo de la cintura / a tu vieja reina de espadas /
¡pero un detective privado / qué mierda de jugada!

STEVE: Tan tremendamente cierto, Helen / Dios mío, sos
una cosa preciosa / un paisaje excepcional / mis ojos
podrían día y noche darse un banquete visual / vamos
al centro, ¡a vivir! / a la mierda con el detective / embo-
rrachémonos / pero este hijo de puta grasiento, si está
tras la pista nos va a seguir / no hay dónde esconder-
nos / está todo a la vista / la evidencia es fatal / le va a
contar todo, todo tal cual.

HELEN: ¿Será un poco demasiado el Chartreuse con rosado?
/ me da vueltas la cabeza, querido / ¿qué dijiste? / ¿seguro que no estás fantaseando? / ¿tuviste un mal día? /
no sé qué ponerme que sea de tu agrado / ayudame,
amor, no te quedes ahí parado.

STEVE: Dejame que te aclare esto / dejá que te sacuda ese guiso que quiere aparentar que es un cerebro y no un trapo
de piso / mi queridísima esposa Sybil hoy me dice: te
advierto / o parás de putanear o vas a ser hombre muerto / ahora, ¡que se te grabe en la mente! Un divorcio, tiene las de ganar. Es evidente / fotos, sin duda / será la
noticia, un estrago / me cortará los víveres / me quedo
sin un centavo / pobre como un títere / sin fortuna, sin
salario y además / ella se queda en la casa / ¿fuego, me das?

HELEN: Entonces, Stevie, ¿qué vamos a hacer? / esta bestia
es de temer / ¿está derecha la costura? / vamos a llegar
tarde, ricura /
STEVE: No parecés darte cuenta de que esta bestia olió mi
huella / no puedo pensar / la erección aquella se acaba
de desinflar / de sólo sentir a este monstruo tan cerca de
los talones / que me espía, que revisa cada uno de mis
cajones / puedo verlo / claramente / sumando dos más
dos con esa puta demente /

ESCENA 2

Les *y* Sybil *(los mismos actores que cambian de actitud y posición).*

LES: Así que lo seguí hasta ese piso suntuoso / y ésta es mi conclusión: es una conspiración /

SYBIL: ¿Qué querés decir, una conspiración? ¿Para qué mierda? /

LES: ¡Quedarse con tu guita! Tu esposo está metiendo la verga en algo realmente espantoso / los pájaros untados de mierda se pegan unos con otros / esas escuelas privadas les dieron buena noción de cómo cagarse en nosotros / son el pus de esta nación, nos comen sangre y aliento / te casaste con el tipo / y tu viejo dijo en su momento / nena, no ves que es un cretino / que anda detrás de tu guita / por la que papi se rompió el culo solo y vos ahora se la tirás a este fiolo[2] / instalado entre almohadones / gracias a la plata que te saca a montones / te asfixia por partida doble / este cafishio de mierda te saca de quicio / te humilla / se va a Blakes, o a Tramps, o a otros reductos cajetillas / donde van delincuentes de apellido y borrachos cagadores / esa lacra / la roñosa mafia de señores / políticos, jueces, abogados olfatean la sórdida puerta / saboreando lo que hay del otro lado / un fato / de incógnito desean y esperan con ganas conseguir por un dinero algo con mejor sabor que la veterana Juana de ruleros / con gusto rancio allá en casa / y cuando por fin han tenido su rato de diversión / se van de vuelta a casita, a los brazos de

---

2 N del T: "Fiolo", o "cafiolo", en lunfardo porteño: proxeneta.

Juanita / que está babosa de cremas y ceras de depilar / leyendo *Cosmopolitan* o cualquier otra revista / con un saquito en la espalda y un gato sobre las faldas.

SYBIL: Y yo no quiero convertirme en eso / gracias, amor / ahora me siento un poco mejor / cuando lo descubrí / voy a matar a la puta, pensé / en un primer momento / vos ya sabés cómo es / lloriqueé por días enteros / reventada en un agujero / nunca soñé que mi querido Steve pudiera hacerme una cosa así / la gran pregunta es por qué / nuestro deber no es razonar sino tan sólo morir / así es cómo me sentía / pero ahora ya estoy calmada / y como en el mar, la tempestad todo lo agita / te estruja por dentro y por fuera / como si por ejemplo te cogiera un gato negro gigante / y uno no puede pensar porque la tormenta te empuja adelante / pero después, en el curso de la calma / los pensamientos sabios te hablan / sugieren no hacer locuras / sé astuta, Sybil / no pierdas la cordura / da placer destriparlo en caliente / pero después con sangre fría / pensando en todo el affaire / sobra el tiempo para hacer / un plan mucho más coherente / y pasando en limpio ves / que cortándole el dinero le cortás también los pies / no se va a mover por nada / no puede / como todos los de su clase es desvalido y torpe / ningún ímpetu ni cara para hacer frente a los golpes /

LES: Qué pedazo de hembra / así es lindo verte hablar / como una enorme pantera que está a punto de saltar / las garras abiertas que atacan listas para destripar a este ratón de cloaca / callada como la muerte, inmóvil como la piedra / y ¡zac! Separarle de los huesos toda esa carne de mierda / eso es lo que vamos a hacer / primero cercar a la rata / ¿por qué espantar al bastardo? Se va a cagar en las patas / que se crea perdonado / no vuel-

vas a hacerlo, querido / y en su ginebra le echamos un
poco de vidrio molido / vi a un tipo que tragó vidrio /
vi la sangre que manaba de su culo y sus oídos / vomi-
tó copas enteras de un puré bermellón / la conclusión es
sencilla: / ¡mejor se está en el cajón!

SYBIL: Te juro que estás loco, Les / no cometas ninguna estu-
pidez / él sabe de vos, corazón /

LES: ¡Qué! Le contaste de mí / ¡mierda! ¡Ahora sí, me
arruinaste mi ilusión!

SYBIL: El sólo cree que contraté de una manera prolija un
detective privado / pero no uno allegado al que le chupo la pija / como un día descubrí, de una manera casual,
huellas mal disimuladas de algún jueguito sexual / unos
tatuajes de amor impresos en su bragueta / él cree que me
alquilé un par de ojos mirones / sin darse cuenta de que
me procuro diversiones / entreteniendo mi ocio con
algo más consistente que un simple / consolador cuando él está tanto tiempo en sus viajes de negocios / y
ahora sé que esas tantas incursiones a la ruta eran de
negocios turbios para verse con la puta / que el tajo
grasiento tiene y mi guita es lo que ayuda a encremar
ese va y viene / dicen que el dinero da una lubricación
divina / no hace falta vaselina para untársela en el pene.

LES: Eso suena excelente / podría devorarte / parecés una
leona / y yo me siento tu cachorro / sacáte la bombacha quiero echarme un polvo, ya la tengo parada /

SYBIL: ¡Para serte honesta / mejor quiero una chupada!

ESCENA 3

Steve y Helen *(se funden en los personajes de antes).*

STEVE: *(Fumando.)* Nunca veía a mi viejo ¿sabés? / Quizás los fines de semana alguna vez / o para el fin del trimestre / venía con mamá y su nueva permanente / como si fueran un premio / eso es todo / nada más / me premiaban de ese modo / después salíamos a almorzar / en un restaurante de mierda / un grupo amontonado / como en una iglesia y los demás chicos con papás y mamás fingiendo que era estupendo que mamá los viese una vez cada tres meses / un billete de cinco en el bolsillo y ánimo, Steve, la frente bien alta / escribinos, Colin / sé aplicado, Pete / llamanos cuando quieras, cuando te haga falta / chin chin tesoro / el Jaguar muerde la grava y desaparece en el polvo / las manos prolongan la despedida / uno traga saliva y muerde / siente que las lágrimas caerán enseguida / se fueron a algún lugar donde parezca verano / a la temporada en Montecarlo / papá en el bridge es un mago y a los dos bailar les encanta pero nunca me enseñaron un sólo juego de cartas para unirme a ellos en sus noches de carcajadas / que yo escuchaba desde otro cuarto / mientras lloriqueaba solo en la cama / éstos eran los días, querida, antes de la escuela privada, un palacio de trolos para los hijos de los tontos / cuando yo aún era una cosa para ser arropada / no arruinarles el juego / no molestar para nada / sólo risas desde otras piezas y días largos y lágrimas gruesas / y después el viaje a la escuela privada maldecida entre dientes y el adiós a mi casa realmente para siempre / te va a encantar acá dijo papá / el rugby y las carreras, vas a ver / van a hacer de mí el hombre que él tanto quiere ser / nos vemos /

primavera verano otoño invierno / y cada año la ausencia pone el corazón más frío / más encogido y encima esos restaurantes de mierda / Steve, cómo has crecido / ¿Y cómo va el rugby? / ¿Todavía sos pilar izquierdo? / Acá tenés un billete de cinco / metelo en el bolsillo interno / así que cuando el profesor de gimnasia me miró con amistad yo me acerqué a ese calor / y cuando el tipo puso la mano sobre mi muslo / no lo sentí tan mal porque faltaba papá / o un hombre, lo mismo da / o de alguna manera era buena / la idea de unirme a alguien para soportar la pena / así que al principio es sólo un poco de masturbación / que queda entre buenos amigos / a lo sumo un jueguito de salón un poco sucio / que uno va esperando ansioso porque empieza a ser sabroso / ¿y sabés cómo sigue? Un buen día me pide / que se la ponga / en el mismísimo culo / al principio, lo juro, me sentí un poco raro pero luego yo seguí y lo sentí con agrado / como una concha exactamente / qué curioso / podía ser una puta caliente / si se cierran los ojos y se piensa en la vagina, bueno yo después me abría la bragueta como latas de sardinas / y la escuela privada / me enseñó esto que recito / la sodomía es a veces como un edén infinito / buscás entre los novatos algún compañero más / lo protegés y tendrás para siempre su culito / bueno, un día el director irrumpe sin avisar / cuando le estoy dando bomba, justo en el medio del fato / y dice: Forsyth / lo mato / fuera de esta escuela, moco repugnante / no voy a permitir estas cosas / haga las valijas / éste no es un colegio para putos chupapijas / le escribió a papá / y le dijo: señor, resulta que a su hijo lo que más le gusta de esta escuela / es el culo de los chicos y por favor esta esquela es para que tenga a bien pasar por aquí a llevarse a este reverendo moco / Ya ves, la escuela era un poco un hervidero de putos, semillero de chiquillos / tan densa de maricones que se cortaba a cuchillo / pero papá estaba demasiado avergonzado de pensar que había engendrado a tan tremendo putito / y no me fue a recoger sino que mandó al chofer / que de alguna manera debió enterarse de mis artes / porque después de andar un rato / se detuvo en mitad del campo / y dijo / no hay que culparte / estas escuelas son antros de vicio masculino / pero imagino que a veces debe ser divertido / no te convierte en un degenerado / entregarte a un poco de pecado / yo tengo dos chicos de tu edad no te aflijas / y puso / tranquilamente su mano sobre mi pija / y cuando se endureció como una roca / me guiñó un ojo fugaz y se la puso en la boca / me dio vuelta y ¡carajo! me la metió por atrás / andá a cagar, pensé en ese instante / ya tuve bastante / y encima ya en casa me dice papá / ¡qué asco me das! / pervertido / trolito / roñoso / reptil canalla asqueroso entre putos relamidos / tomá esto / y me tiró un puñetazo tremendo / que erró / dado que yo había practicado boxeo en la escuela y conocía una o dos reglas, aprendí métodos astutos y elegantes / además de sostenerle el atributo a los más grandes / por mi parte era bastante / y mi odio entero cayó sobre él / no hagas eso, papá, masculló / y le estampé un derechazo justo en la nariz / de la que empezó a surgir una rosa graciosa / después cerré el otro puño y se lo puse en la frente / mamá gritaba, papá estaba casi inconsciente / pero, ¿sabés una cosa? / me dio una emoción potente lo de golpear a mi viejo / mi sufrimiento se fue en un minuto / y fue la última vez que fui puto / no lo lamento, aunque me alegra afirmar / que los padres de este mundo tienen culpas que pagar...

HELEN: Y entonces, querido, / ¿cuál es la novedad? / Te dejás ir como una vaca / gorda y rumiante tráyendome las primicias de tu pasado distante / las zozobras en tu casa con tu viejo detestable / se desenrolla el cassette / la historia vuelve a empezar / y mientras hablás parecés echado en una bañera / te revolcás en la pena de todos tus sufrimientos / palabrerío y lamento / sacás un cigarrillo y... ¡ahí vas! / papá me hizo así y asá / y me dijo así y asá / y jamás me dio ni patatín ni patatán / cuando era joven y necesitaba más / un pobre miserable egoísta y voraz / con un ego como un agujero que nunca se llena / hasta que succiona el aire de las bocas ajenas / y papá y mamá, otra vez la cinta eterna / y por qué sos como sos / las cicatrices de las heridas que se abren frescas mostrando sus tintes de sangre nueva / cada vez que por mala suerte yo u otro rozamos el pliegue, la preciosa huella de la oscura herida aquélla / que no dejás cicatrizar / que mantenés intacta por propia voluntad / para volver a berrear y lloriquear a tus anchas, mi papi me hizo esto / nunca me llevó a la cancha / que te quitó tu juguete y mami te pegó en el cachete / entonces guardaste tu cofrecito de dolores / para abrirlos toda vez que querés dar besitos a tus viejos rencores / y multiplicás un lamento que duró un segundito escribiendo allí una larga Biblia de pobre de mí / nos hacés leer a todos el texto infinito y así te excusás a vos mismo de tus muchos delitos / porque la vida ha sido tan ruin / cuando no podés pensar o te aburrís sin saber qué hacer o cómo / la preciosa energía sin usar te va comiendo todo / y de este modo frustrada / empieza a pescar arenques muertos de las heridas pasadas / y calientes y olorosos los saca de su reposo / librate de esos hediondos pescados / no te sirvas de los otros para escupir tus viejos lamentos gastados / necesitás oídos nuevos para continuar con tu juego / desenrollás otra vez tu pergamino de agonías / y después todavía buscás presas nuevas / para seguir, porque no tenés nada más que decir / calentás el viejo guiso de múltiples maneras / querido date vuelta, acostate boca abajo *(Ella empieza a masajearle la espalda)*. / Viví en el presente / mirá lo que hay afuera, llevate a casa / historias nuevas de la actualidad candente / y lo que ahora se siente / acepta todas las heridas / qué digo acepta, les da la bienvenida, son peces frescos de aguas limpias / cortá con ese pasado que arrastrás con una soga como un viejo barco cargado de chatarra y de basura y vas a estar aliviado de ese peso y ágil, no como Ulises atado a su mástil / aterrado de oír el viento de las sirenas liberado / aterrado de aquello que no conocés / asesiná al niño y madurá de una vez / conmigo tu bolso está vacío / te rascás febrilmente contra cualquier par de oídos desprevenidos / hasta que dicen "¡Basta!", no soporto más / y entonces avanzás, seguís adelante / el viejo marino o el judío errante que vomitan y descargan sus aguas pestilentes / viví en el presente / y el dolor y el pasado van a esfumarse en el viento suave y renovado / como las momias antiguas que muertas durante años en bóvedas oscurecidas caen a pedazos cuando la luz invade sus fétidas guaridas / no vuelvas a sacar a mami y a papi de sus tumbas sin memoria sólo para salvarte de toda esta escoria / se trata de tu vida, chiquito malo / si el sayo te cabe...

STEVE: Usalo / es muy cierto *(Empieza a manosearla.)*

HELEN: ¡Basta!

STEVE: Querida...

HELEN: ¡Basta!

STEVE: Querida...

HELEN: ¡¡Baaaaasta!!

STEVE: OK, querida.

*(Quedan sentados en el diván; él se ve conveniente-
mente avergonzado.)*
¿Tregua?
HELEN: *(Silencio.)*
STEVE: ¡Te amo!
HELEN: *(Silencio.)*
STEVE: ¡Te aaamo!
HELEN: *(Silencio.)*
STEVE: ¡Te aaammmooo!
HELEN: OK. Te amo

*(Esto continúa por un momento más. Steve se recli-
na contento y satisfecho.)*

STEVE: No debo sentir pena por mí mismo / pero es que
me aburro tanto querida esperando / que vengas y me
pongas contento / que me hagas reír / sos tan buena
para eso / ¡y cómo! / un sentido del humor / es un
regalo / vital para nuestro amor / yo creo / no puedo
soportar a la gente sin sentido del humor / los que piensan, los que piensan que su mierda no tiene mal olor /
sin embargo, amorcito, sobre mí tenés razón / diste en
el clavo, siempre repito el mismo cuento gastado /
creo que conté la historia ésa cada vez / a cada mujer
que tuve a mi lado / y como un actor que repite a diario / la misma vida en el escenario / la repetición gasta
la sesera / a ver mi horóscopo, ¿qué me espera? ¿Fortuna en el camino?, ¿un poco de fama en mi destino?,
/ ¿un viaje al exterior?... ¡qué! En cuanto al amor mi
vida está colmada y allí no espero nada / no podría
ser mejor, querida / te quiero, encanto / mi maravilloso culito de muñeca / mi amoroso duraznito de copa
Melba / servime un gin-tonic / no, mejor un whisky, cielo / eso es lo que deseo / y luego / ¿no habrá una fies-

ta esta noche por ahí? / llamalo a Alex, ¿querés? O al viejo Keith / se deben estar por reunir para hacer un gin-rummy o un póker / qué tipo gracioso, bendito sea / corrió una carrera en su Ferrari, contra el Lamborghini de Claude y se estrellaron como bestias / me cagué de risa / ¿creés que a Keith le tembló el culo? / de ningún modo, dulzura / ésta se hizo mierda, la tiro a la basura / compremos otra afuera / y que me muera si el cabrón no fue y se compró una nueva / qué tipo regio / hay demasiado hielo en esto, mi ninfa malvada / en estos días cuánto tiempo lleva entrenarlas / ¿qué hay de cenar, querida? / algo nuevo / sorprendeme / el lomo me tiene los huevos llenos / tiene gusto a goma hoy en día / qué mierda hay en la comida, me pregunto, sin duda virutas de vinilo / oh, podemos llamar a lo de Fred y reservar / es muy tu estilo / un lenguado bonne femme o Strogonoff o una fondue quizás / otro trago, querida / te amo, corazón / ¿estás bien? / Se te ve un poco caída / ¿mi chupetín, qué te pasa? / ¿Qué está pasando, chupetincito? / ¿querés que papá te abra los cajoncitos y te clave contra el sofá? / oh, no me mires de esa manera / como si yo fuera algo que trajo el gato / OK, hoy no estoy en la pista correcta pero parece que abajo una cosa se estremece / yo pensé para pasar el tiempo... *n'est-ce pas / petit divertissement* / ¿no? / Para mí está bien / qué piernas tenés, fantásticas / suben y suben y se pierden en tus nalgas / epaaa no se me tiene que parar / justo cuando estamos por salir a pasear / ¿eh, mi alma? / ¿no te dan ganas de ponerte a frotar la varita mágica? / No, OK, paciencia / antes se te aflojaban las rodillas con la mera sugerencia / me mojé hasta el pantalón / decías / ahora, supongo yo que ya me das por sentado, ¿no? / Pero esta noche me pudro tanto / no sé cuál es la causa / tal vez la menopausia masculina / ¿qué te parece? Estoy bromeando querida / no me mires como si estuvieses oliendo carne podrida.

ESCENA 4

Las luces se funden sobre Sybil *y* Les.

SYBIL: Entonces, ¿cuál es el plan? / ¿cómo es la intriga? /
¿qué pergeñás? / ¿todavía estás conmigo, mi Tarzán? /
¿vidrio molido o veneno en su bebida? / ¿qué es mejor?
/ ¿vos qué pensás?
LES: Es difícil responder / ¿quién mierda lo puede saber? /
el veneno deja huellas en sus tripas / y pistas que se te
pueden volver en contra, mi mascota / no siembres
semillas que puedan germinar como actos malditos / y
caerte encima como un boomerang / rajalo a patadas
a ese mamarracho / librate de la basura ésa / ése es mi
consejo / metelo en tu cabeza.

ESCENA 5

*El ambiente de la escena anterior. Las luces se funden
sobre* Helen y Steve.

STEVE: No sé por qué me aburro tanto.

HELEN: Oh, dejame subirte el ánimo.

STEVE: ¿Lo harías?

HELEN: Muy simple: sos un cachorro que está necesitando
un pasatiempo para mantener su entusiasmo /

STEVE: ¡Sííí!

HELEN: Te voy a contar una historia: había una vez / simplemente acostate y yo voy a ser Scheherezade / dejame llenarte los ojos de sueños con cuentos que van a
encantarte, mi cielo /

STEVE: Primero fumemos un cigarrillo.

HELEN: OK.

*(Encienden sus cigarrillos y ambos se divierten his-
téricamente haciendo aros con el humo.)*

El sol de la mañana estaba alto en el cielo / una enorme naranja en un mar de azul / y graznaban los graz-
nidos de las gaviotas blandas sobre el agua / y los
veleros se espesaban como merengue en la mañana
fresca y quieta / el viento era suave como un susurro
de *voile* / las ventanas de mi cuarto en el hotel abiertas de par en par y las cortinas suavemente se mecían
de tanto en tanto / la cama tan blanca como las nie-
ves del Ártico y repicaban las campanitas de los yates
para hacerme cosquillas en los oídos y despertarme /
los sirvientes recorrían los corredores suavemente con
el tintineo de las tazas de café y llevando los gruesos
periódicos de la mañana plegados / delicados golpeci-
tos en las puertas / el código morse sutil de los nudillos para hacer salir a los ricos del largo sopor de la

noche, mientras yacen devorados por sábanas de seda
y gruesos acolchados en piezas oscuras de cortinas
espesas / babosas gigantes, blancas y gordas, que se
revuelven con sus bocas resecas y pastosas ansiosas
de sus tazas matinales / la pieza aún saturada del humo
rancio de sus cigarros mientras sus vísceras arden todavía en tormento por los excesos de la víspera / filet mignon relleno de ostras / crêpes Suzette y caviar, hígado
envenenado de patos salvajes y langosta Thermidor /
sesos de cerdo en áspic ribeteados por lenguas de cordero en sangre de ruiseñor / ajo molido en terneras a las
que recién salidas del vientre las encierran en cajas y ali-
mentan con leche para volverlas más tiernas / su carne es tan blanda que duele / y ellos siguen tendidos en
sus gordos capullos soñolientos y aturdidos / en el
baño, esparcidas como joyas, una colorida multitud
de píldoras / la ropa tirada en una pila, mi reloj Car-
tier. Siempre exacto / descansa a un costado / junto a
una copa de champagne, a medio beber, ahora tibia y
pegajosa / todo lo que a la noche fue tan agradable /
a la mañana parecía muerte y sangre / los platos deja-
dos por el servicio de cuartos eran un obsceno desor-
den pestilente / y entonces, el sirviente, bendito sea,
blanco y reluciente llegó como un ángel / una visión
bendita / un suave toquecito en la puerta / como un
murmullo / como un ruego / pidiendo permiso para ser-
vir el té / y no molestar / adelante, dije, deposite sus
tesoros al lado de mi cama / su bandeja de plata y su
tetera humeante / y medialunas blandas y crocantes y
rulos de manteca / azúcar irisada como trozos de cristal / miel y el *Paris Match* / recogió los desechos de la
noche pasada y ordenó la pieza / la volvió de nuevo limpia y agradable / borró los indicios de los vicios vora-
ces de la noche / cuando las tripas se hartaban de cosas

sensuales / entonces respiré / para pagarle por su faji-
na / para darle una propina giré a despertar al cretino
/ la bestia con la que fui / pero estaba mortalmente
dormido / no pude encontrar ni un franco para el her-
moso muchacho / así que él permaneció como un Apolo allí esperando la orden para poder partir, pero aún
se quedaba cerca de la cama / como si estuviera esperando un beso amable / y apretaba la bandeja tanto /
que sus nudillos se pusieron blancos / se quedó parado en humilde súplica / los talones listos para girar y
salir en cuanto yo se lo quisiera pedir / levanté una
mano apenas / como para decir / no se vaya todavía /
quédese, por favor / él captó algo que mis ojos decían
/ el arco inclinado de la ceja suavemente levantado
sugería... algo / algo dulce / pude casi sentir el calor
de su cuerpo. Finalmente hurgué en mi billetera y
encontré una moneda / el cadáver a mi lado roncó y
se dio vuelta / el joven permanecía inmóvil / rígido
como una piedra / lo que antes mi mirada le decía /
ahora él me lo devolvía / sentí un pequeño sobresalto
/ pero no tanto como para impedirle a mi mano mero-
dear hacia arriba / la posé como un aliento en su entrepierna / que al tacto era como los ángeles de Donatello
tallados en mármol / sostenía la bandeja todavía / y
ya que la bestia roncaba intensamente, abrí la bragueta del sirviente y hundí mi mano / profundamente hasta encontrar un gran pene caliente que no podía
esconderse / él se retiró apenas, no demasiado / quizás
temiendo el despertar del monstruo y luego la escena:
se pierde un trabajo necesitado / pero yo destellé una
mirada de ruego / como diciendo es un juego / el viejo
no va a despertarse / captó mi mirada y se quedó con
coraje / y se abocó lentamente a apretar sus nalgas / y
cuando me lo llevé a la boca fue una conmoción gran-

diosa hacerlo allí con el bastardo roncando en su cubil / después él empujó y arrojó su leche en chorros de fina seda y casi soltó la bandeja / la bestia a mi lado se despertó / pero lentamente como un cerdo borracho / asomándose desde el barro / el muchacho recuperó su tiburón encogido / giró sobre sus talones / y partió con paso veloz / mientras yo tragaba presurosa / y luego Harry se despertó / "Buen día querido", deslicé dulcemente / ¿Dormiste bien?, dijo como un rey y apretó sobre mi boca un beso pringoso / mi dios, pensé, tiene un gusto asqueroso.

STEVE: Qué decadente, querida / sencillamente divino fabuloso y raro sorberte al mozo con tu marido durmiendo al lado / qué deliciosa magnífica estupenda fabulosa y soberbia / es la historia más espléndida que yo haya escuchado / me sorprendés, apabullás, maravillás / ¡Oh! Esperá que esta historia se sepa más allá / qué argumento, qué escena sorprendente / llevémosla al teatro / nadie la creería, en todo caso / no, no podés decir / esas palabras tan feas en un escenario / tendrás a las madres conservadoras aullando su escarnio / oh mierda, *regardez l'heure* / salgamos de una vez / la obra empieza a las ocho menos diez.

HELEN: ¿Qué vamos a ver, querido? / ¿con qué me voy a deleitar?

STEVE: Una obra sobre unos soldados cochinos que se culean a un pobre patán.

HELEN: Qué fabuloso / simplemente genial / quiero ver eso / no puedo esperar / esos soldados jugosos en fila blandiendo sus pijas por todas partes / sencillamente impactante / qué terriblemente grotesco / entrenarse en la academia de arte escénico y cuando al fin te convertís en un actor maduro / "¿qué réplica dirás hoy?" / te das vuelta y ponés el culo / firmará / un contrato

espurio de tres años en algún tugurio / me encanta
todo eso / esa brutalidad / que nos conmociona y pedimos más / ¿lo hacen en serio, querido, / ocho veces
por semana?
STEVE: No, tonta mía / el culo se les pondría mal / sólo
actúan la sodomía / es la regla sindical /
HELEN: ¡Oh querido qué mal trago / dame realismo que
para eso pago!

(Él la arroja sobre el sofá y se zambulle encima.)
*(La luz baja y luego sube sobre el abrazo como Sybil
y Les.)*

ESCENA 6

(Como vienen del abrazo.)

Les: ¿Para vos estuvo bien?
Sybil: Sí, fue genial. ¿Para vos estuvo bien?
Les: Sí, divino....¿Disfrutás?
Sybil: Sí... estuvo... lindo... ¿Y vos?
Les: ¿Qué?
Sybil: ¡Disfrutás!
Les: Sí, estuvo muy bueno.
Sybil: Les...
Les: ¿Qué?
Sybil: Ya no me querés.
Les: ¿Por qué decís eso?
Sybil: Es un hecho.
Les: Si le corto la cabeza, ¿mi amor está intacto?
Sybil: Demuestra voluntad, muestra un acto.
Les: Es un perfecto canalla / un renacuajo para mandarlo derecho al carajo / echalo al conchudo a patadas / dejalo sin nada / sin guita, en el limbo / soltalo y tiralo en el mundo / deshonrado, manchado / un tramposo conocido por todos / ni una pierna donde estar parado / que ni un huevo le quede siquiera / y no podrá ni a su madre mostrarle la jeta, que estará sentada en el hall del Bingo muy avergonzada.
Sybil: No me convence / se me estrangula acá *(garganta)* cuando imagino que este cerdo anda por ahí, querido / robando más plata / engatusando a esa dama / chupando su inocente teta blanca / hasta que la deja seca, el bandido farsante / vampiro muerto de hambre / liquidemos al infame /
Les: Sos extraordinaria / una malvada / una real depravada, una mancha que no sale con nada / pero dame tiempo

y te voy a probar que yo soy más hombre de lo que pensás / besame voluptuosa muñequita salvaje y rosa /
sos una muñeca / me hacés sentir cosas tan libidino-
sas.

SYBIL: Estás volviendo a ser Tarzán, no seas miserable /
sabés cuánto te amo así / sos fuerte y grande / oh, qué
brazos formidables / apretame con fuerza y haceme
mojar, canalla obsceno / tocame muñeco / meteme la
mano adentro de la ropa / sentí mis pezones / duros
como rocas / oh mi alma, me muero por tu...

LES: Epa, caramba / me estás haciendo perder el hilo / mi
mente se inflama de actos violentos inspirada por tu
deseo de hechos / voy a probarte cómo te quiero / le voy
a hacer ver qué maravilla, señora, es usted para mí / voy
a medir mi amor con hazañas tan buenas / que Sade
va a tener que volver a la escuela / primero, una noche
/ él llega a su casa / detiene el auto, se baja / mi coche
está justo detrás y ¡zas! le pasa por encima y lo adhie-
re al asfalto / va a haber que despegarlo, tan fuerte
que será mi abrazo / una noche en la cama / él está
con su ramera / habrá un pequeño golpe en la puerta /
él, cuidadoso, como un zorrino que piensa que su paso
no dejó rastro de pestilencia / espía por el ojo de la
cerradura / y me ve / vestido de cartero / está todo
bien, piensa y abre la puerta / una navaja de diez pulgadas se interna en sus entrañas / en su club de squash
/ el juego está terminado / todo sudoroso en la ducha /
inocente y amansado / en el vapor nadie me ve cuando furtivo dejo una tarántula en su pantalón / él se
seca / se viste y da un repentino alarido / hay algo en
el culo y me figuro que se siente como vidrios partidos / porque la mordedura con ese veneno resulta un
espectáculo obsceno / o una bomba abajo de la cama de
los amantes / lista para explotar cuando ella o él aca-

be / un sutil dispositivo tan sensible / que una presión de más los va a hacer estallar en pedacitos / volarán / un orgasmo que los va a mandar al paraíso / un revolver es muy sucio y hace mucho ruido / dejémoslo de lado y elijamos un veneno / les vamos a mandar para Navidad una torta bañada en cianuro / con mucho jerez como disimulo de esa cosa amarga que quema sus entrañas / ella grita desesperadamente / y así esperan ellos mientras empieza la muerte a escarbarles los sesos / o si no, perdón, ¿qué hora es? ácido clorhídrico en los ojos / y después / una fina aguja le perfora el corazón / él no la vio / así que en su aliento final a Don Muerte él no puede identificar / una bomba atómica pequeña del tamaño de una perla / un regalo en un anillo de su niña dorada, listo para estallar cuando vos quieras / cuando se te dé la gana ka boom ka blast ke pling! En África, extraigo un ungüento mortal de un nativo leproso / y lo unto a su máquina de afeitar / una mañana vas a escuchar / oh, me he cortado, querida / sonreí mi amor y empezá la cuenta regresiva / o mejor todavía, voy a soltar unas ratas con los colmillos bañados en un líquido letal / una pequeña mordida y el conchudo está perdido, deja de funcionar / la muerte llega más despaciosa / y además nos ahorra deshacernos del cuerpo ya que las ratas por supuesto habrán comido una buena cuota / entonces ¿cómo la ves? hacé tu elección, mi primor / es sólo para mostrarte que lo que siento es *amor*!

SYBIL: Ah, ahora sé que te importo / una pequeña atención, ves, y sos el dueño de esta muchacha / dame un beso mi tesoro.

LES: Sí. Bajate la bombacha.

(*La luz baja y vuelve sobre* Steve y Helen.)

ESCENA 7

STEVE: ¿Qué vas a hacer mañana, amor?
HELEN: Cazar.
STEVE: ¡Absolutamente genial / encantador, extraordina-
rio! - ¿Puedo ir?
HELEN: ¡Sólo el caballo y yo!
STEVE: Apuesto a que sos una fantástica jinete.
HELEN: ¿Querés practicar?... ¿hacer el caballo?...
STEVE: ¡Qué! ¿Puedo?
HELEN: Claro. Tirate sobre el tapete...
*(Él lo hace y ella le pega en la cola varias veces antes
de empezar a hablar.)*

La cacería

HELEN: La mañana colgaba clara sobre el poblado como un
vestido de gasa de Chanel o un fruncido *bouclé* / cazar
es tan conchudamente excitante / si no lo hiciste nunca / es como explicarle al Papa lo que es coger / ¿me
entendés? es un poco todo junto / la cita en el bar a la
mañana / el pisotear de los caballos y ese olor maravilloso / la preparación, ponerse esa putada de pantalón
de montar / aprieta como la mierda después de la
parranda de la noche previa, ¡hola Claude, qué tal
Cecil! / Ahí están Jeremías y Quentin / Jennifer / Vanes-
sa querida, estás deslumbrante / esa chaqueta te va
como un guante / los culos de los hombres se ven tan
bonitos cuando rebotan en sus corceles espumantes /
que resoplan por sus esculpidos hocicos / qué imagen
/ ahí vamos, gritamos / el capitán de sabuesos hace
sonar el cuerno / los perros tironean de las correas / una
jauría de odio / que revienta por liberarse / muriendo

por atrapar a la pequeña bestia infame / y allí vamos, adelante / el maldito zorro liberado retoza vivazmente por los matorrales / la está pasando brutal / un sabor fascinante de excitación plena / ¿a quién no le encanta una carrera descomunal? / El capitán toca el cuerno, ya el olor fue rastreado / ¡maravilla! / los talones penetran en las costillas, los caballos giran de cara al canto dulce del cuerno / y allí vamos por el valle y la colina / buscando la maldita cola zorruna del zorro / la pucha, Cynthia se cayó en el lodo / qué suerte perra / por encima del arroyo / sobre la corriente una carrera / mi corcel y yo somos uno solo / es rudo / la montura raspa / es dura / mi concha sin embargo se deleita con cada sucesivo impulso / se levanta enorme entre mis muslos / esta pesada bestia sudorosa caliente y jadeante / arrastra mis caderas / me lanza hacia delante / sobre las doradas colinas del Aqueronte / yo lo aprieto fuerte / mis rodillas se clavan profundamente y planeo en lo alto / floto / fluyo / soy arrojada al cielo y arrastrada luego hacia abajo / el aire está inflamado de aromas de barro / pasto aplastado / bosta de potro y sudor / en una mezcla única brutal y divina / el zorro conchudo se nos perdió / qué putada, el caballo está confundido / perdimos el rastro / los perros siguen buscando / ahora confundidos / ahora aullando / ahora encendidos de ira / ¡oh, caca y pis! ¡La conchuda liga de amor a los zorros putos saboteó el olor! / El hilo cuidadoso, el peligroso cordón que nos guía hacia la sangrienta matanza / esos mal paridos de izquierda celosos como la mierda / de ver a los que son mejores tan divertidos / arrojaron esencias para despistar / esos desgraciados podridos / los reventaría a palos, los haría azotar / esos inmundos maricones, marxistas, obreros ramplones / ¡alto! ¡Pluto reencontró el rastro! Oh, genial.

¡Vamos hacia allí! ¡Tarquino encuentra a uno y le rompe la nariz! Ah, mi Dios, están lloviendo rosas / el cretino está en el piso y Tarquino ya se arroja a aplastarlo con su caballo / Jeremías dice nones / retiene al exaltado Tarquino / ¡vendrán otro día!, dice. / ¡Oh bravo! ¡Maravilla! ¡Divino! ¡Wow! Ahora voy yo / ¡mírenmeeee! / El día va pasando de púrpura a castaño / los perros chillan más fuerte / el rastro es más evidente / el zorro está cansado / mis mejillas acaloradas / mis ojos brillan / la sangre será derramada / oh, Dios, se está poniendo el carajo de excitante / la carne es débil pero el espíritu está anhelante / mojé totalmente mi ropa interior / y en el culo siento un delicioso dolor / estamos cerca / el zorro se atrincheró en la tierra / vamos a encontrar a la pequeña bestia perversa / ¡sí! Está atrapado en alguna zanja / los caballos en la premura / destrozan una granja / trituran la cosecha / oh, querido / pagaremos luego, no te hagas problema / ¡oh, carajo! el gatito de un nene se hace pedazos en la estela de la entusiasta carrera / no importa, está lleno de gatos / ah, lo tenemos ahora / lo veo cercado / está atrapado / su aliento se entrecorta y da golpes en estocadas horribles y cortas / el terror le eriza los pelos / los perros todo dientes y sonrisas avanzan y le clavan sus colmillos en la garganta / la sangre fue un solo largo chorro / simplemente fabuloso / estoy segura de que el zorro se sintió feliz de terminar así / el arrebato / la cacería / el éxtasis / el abrazo / el capitán desmonta / le corta la cola / regando a los chicos de sangre / oh, cómo se estremecen / oh, qué día / tomemos un gin tonic / ¿qué te parece? / qué buena vida / yo no quisiera que fuese de ninguna otra manera /

STEVE: Debo decir que me diste sed / tomemos un trago OK / me encantó tu relato / qué lástima lo del gato.

HELEN: ¿Hielo?

STEVE: Montones (*Ella hace la mímica de entregarle el vaso*). Me encanta ponerme en pedo / me encanta el sonido / la sensación crujiente del estallido de los hielos / diamantes triturados fundidos en el ácido de tu vicio / un tequila me voy a tomar / un vaso helado / rozado en un baño de sal de mar / limón exprimido cortante como una hoja de afeitar / como la lengua de una vieja soltera, una gota de Cointreau le agrega esa pincelada de diversión, agitalo bien, luego volcalo / en tu vaso helado lamido de sal / el primero tiene un sabor agridulce y placentero / se queda adherido a la punta de la lengua / como la boca de un bebé a la teta materna / bueno, tomemos otro / que entre con ganas / enciende la caldera / hace temblar una o dos ventanas / el tercero se desliza con premura por la avenida / bien forrada a esta altura, llega abajo y se pone a hacer su trabajo / sube un dulce calor / tus inhibiciones se desmoronan y tu temor, suavemente se desploma / el número cuatro va sacando a tu otro yo del armario / el Jeckyll de tu Mr Hyde / observás cómo empezás a florecer mientras el cuarto pone sangre en tu alma reseca. No. El quinto es / el que te demuestra que después de todo estás vivo / y que no sos un aburrido pelmazo de mierda / llama a otras puertas en los rincones profundos / y salen los demonios de sus sueños inmundos / tan contentos de estar finalmente liberados / a divertirnos, je, je, je, aquí viene tu pasado / la manía persecutoria abre su puerta / el alcohol con su palanca destraba algunas más / culpa, rencor / celos, paranoia / dispuestos a recitar de nuevo su mensaje de bilis y agresividad / te sentís bien / el número seis agrega un poco de leña al fuego / ahí abajo se congrega una fiesta feroz / a tu amigo más amado ahora lo odiás más que al pecado / vos y vos / andá a cagar / me chupa un huevo / acuso y puteo / todo va saliendo ahora y al salir / como un baño de ácido / desprende el viejo barniz / remueve las antiguas costras / las heridas ahora se abren de nuevo y pican vivas y frescas / me bajo el número siete / uno más canturreo / insultos de tiempos pasados se despiertan / escupo nuevamente / algún olvidado crimen antediluviano / pero quiero otro / qué bien lo estoy pasando / estoy sacando todas las sábanas sucias, toda la roña saco / y demasiado / ahoga el fuego / más que avivarlo / éste es el trago que se pasa de la raya / se te cierra el cerebro de un portazo / los demonios retornan a sus viejos dominios / la caja de Pandora vuelve a estar cerrada / te bajás otro rapidísimo con la esperanza de poder seducirlos más que de ahogarlos pero lo único que te ha quedado es sensiblería y sentimentalismo / ¡lágrimas en los ojos y gemidos! Perdoname tesoro / no fue mi intención / decís en un llanto / la fiesta se terminó / y ahí quedaste abandonado con el revoltijo y tu dolor / diarios viejos azotados por la tormenta / al carajo, quiero otro trago / ¡ya te bajaste nueve! ¡me cago! / es mi segunda vuelta / me siento renacer / mierda que está bueno / pero así como el atardecer fragua una salida de fuego que hiere el laúd del cielo y rápidamente el sol entra en su ataúd donde se recuesta y muere / con igual presteza escapa mi dulce sensación de otrora y a la concha de la lora se ha ido mi diversión dejándome a solas con un vaso vacío / dame, me mando el décimo trago / es tarde / la luz se apaga dentro de tu cráneo / la oscuridad cae / me siento como el mismísimo diablo / y después, la próxima cosa que vas a ver es el inodoro que te mira fijamente a los ojos / hacia arriba van tus tripas / una sacudida / y ahí vienen, ácidos revueltos en un

guiso humeante apestoso y caliente / tu boca un foso de comida podrida / apesta como si empezara a salir mierda de tu cabeza / y sólo te quedan ganas de zambullirte en la cama y ponerte a dormir.
HELEN: ¡Si eso es la buena vida / prefiero ya mismo morir!

(Oscuro.)

ESCENA 8

LES: ¿Para vos estuvo bien?

SYBIL: Sí, fue genial. ¿Para vos estuvo bien?

LES: Sí... divino... ¿disfrutás?

SYBIL: Sí... estuvo... lindo... ¿y vos?

LES: ¿Qué?

SYBIL: ¡Disfrutás!

LES: ¡Sí, estuvo muy bueno!

SYBIL: Entonces con tanta bomba y tanta broma al final estás en la lona / no avanzaste nada, no, en tus hazañas desde que yo descubrí mi amargo estado / movés tus patas de lado a lado, planeás asesinato, cianuro, muerte. Pero al final miramos la tele y nos reímos de los cornudos que se mofan de nuestra gente / te quedás sentado / te despachás una jarra entera de ginebra / jugueteás con tus bolas / decís "¡Uy lo que dice, mirá!" Fútbol y billar, mi mente zozobra ante el vacío que corre entre tus orejas / las clases obreras siempre dirigidas por los que se dan la buena vida / porque son necios, idiotas perfectos / es por eso que viven como cerdos / ella, encadenada al plumero / y mi marido / ¡esa rata! no podés enfrentarlo con tu cabeza de lata / porque te da miedo, su acento te hace cagar en las patas /

LES: No me hagas reír / haceme el favor / te creés que su diálogo me va a hacer fruncir / te creés que una charla de su ilustre gola va a hacerle al viejo Les temblar las bolas / porque puede pronunciar con acento distinguido. Es el contenido lo que cuenta, de qué están hechos sus huesos / ¡ahí está la médula! A la mierda, estúpida lechera de semen. Bruja putona sucia / grandísima puta inmunda / por qué tendría yo que enunciarle mis asquerosos pensamientos, lo detesto / es a él a quien voy a aniquilar / sin el palabreo / nada de tono amenazante,

ni estúpidas chicanas vacilantes / como dos putos que
están por agarrarse de las mechas. Nada de ponerse a
gritar, no, ¡nada de ataques de histeria! ¡Cuando yo lo
haga reventar / mirame y estate atenta!

SYBIL: Sí, Les, contame otra / ya pasaron seis meses / no
podés decidirte como un Hamlet marmota / te hacés
el duro como un tanque de guerra / pero cuando debie-
ras pasar a la acción / tu charla es mera masturbación / me perdiste, Les / me voy a buscar otro macho
/ que haga por mí lo que yo hago por vos / algún
muchacho bien resuelto que no me avergüence así /
¡no pusiste un solo dedo en su cara de infeliz! / ni aven-
turaste un puño decidido para demostrarle que tu
amor está vivo / lo dejaste tranquilo / el crimen, la
muerte, la vida troncha y la revancha tenebrosa que
juraste / cuando estabas en mi concha / ahí adentro
jurabas cualquier cosa / y como el famoso ratón / que
escapando de las garras del gordo gato capón / cae
en un cubo de vino / y grita "¡Salvame! ¡Salvame,
gato! Prefiero que me coman vivo antes que ahogar-
me, qué espanto, en el cubo de vino." El gato con-
siente y de un tirón saca con sus garras al ratón /
después de lo cual, al sentirse en tierra firme, el ratón
corre ligero a escabullirse en un agujero bien seguro
adentro del muro. El gato ahora echando humo / exas-
perado al ver cómo se lo han garchado / dice: "dijiste que podía comerte rata si te rescataba de adentro
de esa lata", a lo que el ratón contesta... "uno dice
cualquier cosa cuando está mamado" / ¡así sos vos,
tal cual, un perfecto desgraciado!

LES: Qué cambio de dirección / qué doble indigestión sufrir
los insultos de la putarraca que me acaricia el bulto /
vos te creés que no estoy esperando, eligiendo bien el
momento antes de despachar sus adenoides al infier-

no. / No me hagas mear encima / no me hagas morir de risa / la muerte lleva su tiempo / acecha en un camino desierto. Las condiciones deben ser buenas / la hora precisa / dejate de embrollar y no me hagas apurar / ¡muy bien! te aseguro que se la voy a dar, lo juro / pero de la manera más prolija / aquí va la idea mía / yo tengo un plan / ahora escuchá a tu buen Tarzán. ¡Lo voy a destruir por telepatía! Con mis poderes mágicos enciendo ese calor mortal / me concentro con toda mi energía / sintonizo su frecuencia y el desastre entra en su red cerebral, sus nervios y su cerebro carcomidos por hormigas / como una maraña de ondas de radios enemigas / mi mente lo hará desvariar / tendrá alucinaciones, sacudidas y explotará cuando sienta mis perversas penetraciones. Lo leí en un libro: cómo se puede producir el hechizo o llevar a un pobre tipo a vivir en un infierno / por concentración / pensando en su cara / o mirando su jeta en una foto con mucha intención / fijamente a los ojos y volcar allí mil pensamientos monstruosos / captará el mensaje noche tras noche como agujas ardiendo en su cerebro / hasta que la enfermedad lo reclame en su altar oscuro... / Es muchísimo más limpio que el cianuro /

SYBIL: ¿De dónde sacaste toda esa mierda en lata? / me parece que el hechizo te lo hizo él, papanatas.

ESCENA 9

STEVE: ¿Cigarrillo?

HELEN: Gracias, querido. Casi mato a alguien anoche con el auto.

STEVE: ¿En serio, querida? ¿Habías tomado?

HELEN: No podía verlo al tipo.

STEVE: ¿Por qué no?

HELEN: Era negro como el carbón.

STEVE: ¿No pudiste verle el blanco de los ojos?

HELEN: Estaba de espaldas a mí.

STEVE: Odio a los hijos de puta. No, no, no, no, no. No es eso lo que quiero decir / sólo los encuentro diferentes de nosotros / blanco es blanco marrón es marrón y negro es negro / ¿entendés a qué me refiero? / son fabulosos, en sus lugares / en Jamaica me parecieron espectacula- res / un flash / un sentido del humor estupendo / y sus movimientos son un sueño / son todo instinto, quiero decir / nosotros en cambio pensamos / para crear y ejer- cer el gobierno / ellos sienten todo el tiempo / como los chicos y les gusta jugar / quieren todo antes de tiempo / quieren probar el sabor del poder / pero sus mentes no son más altas que sus vientres / incluso más bajas tal vez / mi Dios qué ponen en la mierda que comen / no consigo imaginarlo / me tiemblan las rodi- llas de sólo pensarlo / Sudáfrica, por ejemplo, no se pue- de ceder todo / a los mierdas ésos / sólo porque ellos lo pidan / mi Dios, qué nos harían / hay que enseñar- les a no rebelarse / y a usar su cerebro para eso / si cedié- ramos ante cada minúsculo negro / ya nos estarían arrojando sus lanzas y soltando sus amenazas / inclu- so bombas atómicas / ¡por supuesto! / se podría llegar a eso / son impenetrables / de carácter bonachón / más bien como un sueño / pero no sienten el dolor / no como nosotros, me refiero / son fornidos / más bien como animales / se matan y se cortan unos a otros en pedacitos / la vida no vale un higo / un collarcito de colores y venderían a sus progenitores / claro que todos somos hermanos bajo la luz del sol / pero odio a esta mierda de hermano aunque una misma madre tengamos / no hay que perseguir a los conchudos / son tipos divinos / allá en el club hay uno / agarra los abrigos / no hay que herirlos o matarlos / solamente ponerlos de nuevo en los barcos / por favor Señora Thatcher tenga el coraje de sus opiniones que queremos ver acciones / no puro hablar y nunca coger / métala por nosotros, tenga un poco de arrojo. Mi Dios, es una regia mujer / apuesto a que el hombre que le baja la bombacha tuvo mucho con que responder / oh, no me pongas esa cara / somos todos iguales en esta tierra / no hay un solo hombre en Inglaterra que no tenga ganas de abrirse la bragueta por esta dama / sin embargo mirá el seguro de desempleo y todo el parasitismo en nombre del socialismo / la mitad de los negros se aprovecha de eso / ¿podrías tocar uno, mi amor? / quiero decir, ¿vos podrías? / corre el rumor de que están dotados como los burros / bueno, de hecho no son sólo habladurías / en el club un día permitieron ingresar a uno / las leyes ésas que nos obligan / en fin, en la ducha llegué a echarle un vistazo al cretino / querida, no pude creerlo *(hace la mímica)* era algo simplemente obsceno / me hizo sentir como un langostino y te consta que estoy bastante bien dotado.

HELEN: *(Rápida.)* Sí, sí, querido, claro.

STEVE: Debería tenerla cubierta o, en todo caso, estar obligado a llevar un permiso renovable por año / así que tiré mi carnet en la recepción del club y declaré / métanselo en el culo si van a continuar permitiendo el ingreso de ésos / es el Príncipe de Marruecos me respondieron / ah, bueno, dije, eso cambia el aspecto de su rostro / por supuesto tienen que viajar / nuestra familia real lo hace por el bien los de negocios / tienen que darles la mano e incluso sentarse a comer con esos africanos / lo hacen por el efectivo / lo pide Cancillería / si no nunca los verías con esos tipos / no después del trabajo / nunca en sus hogares / por cierto, ni siquiera podrían traspasar a los perros que nunca vieron en la casa a un negro / que no reconocerían a un puto negro de porquería / ¡qué te creés! hay que preservar lo que es inglés / o británico si insisten, aunque es difícil de creer que los irlandeses se nos puedan parecer / no hay lugar como Inglaterra / no podés cantar siempre habrá una Gran Bretaña / no se saborea de la misma manera / que siempre habrá una Inglaterra...

(Canta, y Helen lo acompaña. Uno o dos versos.)
Lo siento querida, una lágrima me moja cada vez que oigo esa magnífica estrofa / mantengámosla limpia, amor / mantengámosla blanca / echémoslos a patadas, pakistaníes, negros, irlandeses y moishes / vuelvan a la selva / Belfast e Israel / no hagan un rancio infierno de nuestro feliz edén.

ESCENA 10

HELEN: No debemos retrasarnos, no tenés que meter la cuchara en la taza del veneno / es la noche del estreno / el público va a ser un verdadero encanto, y te aseguro, ¡será completamente blanco! Me voy a poner algo maravilloso / voy a causar sensación / lo importante querido es hacerte sentir orgulloso *(Hace la mímica de lo que sigue.)* Me voy a poner un escandaloso vestido de Chanel / con un tajo profundo que llega hasta el muslo / hecho en cachemir negro / obtenido de las barrigas de cabras recién nacidas / me abraza todas las curvas, cada detalle lo clarifica un poco más / cada valle de mi cuerpo / cada contorno genital se amplifica más allá / las mangas recogidas en un arreglo de olas de finísima seda que flota en ondulaciones / un cinturón Fiorucci de piel de serpientes que reptan en las orillas de lagos resplandecientes / el vestido cae pesado hacia el dobladillo y se acampana para permitir un vistazo de muslo dorado cuando voy subiendo las escaleras / tan decorosa por fuera / semejante puta por dentro / la moda es tan sublime que convierte en un pecado el acto de vestirse / una pantalla de filigrana plateada marca el contorno de mis nalgas / y hace de mi culo dos lunas de plata que exhibo con gusto porque tengo ganas / el vestido ahora tira hacia abajo las carnes mías desde estas curvas pulposas y en los muslos se afina / y corre luego hacia arriba recogiendo mis tetas como dos deliciosos pasteles de cereza / que suavemente flotan dentro de su red de seda como dos gelatinas deseosas de ser comidas / un par de zapatos de satén con tacos de cinco pulgadas forjados en cristal veneciano / hueco y opaco / aquí pequeñas luciérnagas brillan en lo oscuro / mis medias deben ser de seda y terminar en los muslos / sostenidas arriba por negros portaligas / como dientes de lagarto que aprietan fuertemente / mi bombacha, traslúcida y fina confeccionada en delgada muselina / adentro, los diminutos pliegues de los rebordes sostienen mis deleites de medianoche / suaves y comprimidos / dulces y encantadores / mis cabellos en ondas recogidos / giran y se enroscan en caracoles / están trenzados, peinados y arreglados en bellísimos rulos / copiando a las ninfas de Utrillo que están saliendo del mar / Sasoon pasó en vela noches enteras creando este sueño para mí / mis brazos, querido van a lucir como serpientes largas y blancas bajo el tul transparente / bordado con crisoprasas y pequeñísimas perlas / ya estoy lista, mi amor / a dar vueltas y vueltas /

(Entra música de ópera, Steve hace la mímica de comer chocolates con Helen, la ópera finaliza, gran aplauso que deriva en Les y Sybil que se agreden mutuamente, luego vuelve a Steve y Helen aplaudiendo una vez más.)

STEVE: Y después de la ópera.

HELEN: Ir a comer.

STEVE: ¿En el Savoy?

HELEN: ¿En el Rules?

STEVE: Kettners es ahora un antro de hamburguesas.

HELEN: Le Caprice cerró también.

STEVE: Vamos al Zanzíbar, eso es

HELEN: Mi amante sostiene mi abrigo / mi estola de armiño rosa / abre la puerta / el aire huele a vino / ese momento exclusivo en que la noche es tuya / a la cucha se fueron los cochinos / afuera, el portero / el taxi llamado de lejos /

STEVE: ¡Taxi!

HELEN: El aire es fresco y aromático / mi amante de frac / la expectativa flota como un perfume refinado / me toma del brazo / y dice:

STEVE: ¿Cómo estás?

HELEN: De maravilla, querido, debo contestar / miramos pasar los grandes colectivos colorados que se arrastran como babosas / levantando su carga de obreros y ancianos.

STEVE: Aquí está nuestro taxi, querida.

HELEN: Una propina para el portero.

STEVE: Great Queen Street, por favor. *(Entran al taxi.)* ¿Cigarrillo, belleza?

HELEN: Gracias, mi amor / mis manos encuentran tu verga / me siento un poco cohibida / mientras el taxista roba en el retrovisor una mirada furtiva, el mundo se cierra para nosotros dos / envueltos en nuestro amor y nuestra riqueza / me aprieto con fuerza contra vos / tu abrigo es áspero / te siento viril y recio / con olor a almizcle / reluce tu mentón empolvado y tus dientes brillan / sos una espada, es indiscutible / hacés que se me aflojen las rodillas / destellás / tronás / tu sombrero te sienta de maravilla / con el ala que se dobla / un Flynn o un Bogart / me gusta mi hombre duro / me gusta que me gobiernen con un puño de hierro pero con un instrumento de terciopelo por dentro / me encanta cuando abrís las puertas y pedís las cuentas / pagando hasta quedarte sin un centavo incluidos mis pecados / siendo el amo / el que me gobierna / un genio en la cama / un experto que me vuelve loca / débil como un gatito arriba de una rama / dejame esperar tu llamado / dejame desfallecer / dejame que me corroa / y cuando el teléfono suena / mi corazón se desborda / enviame una orquídea, inundame de perfume / de Givenchy, Chanel y Cardin también / decí qué preciosa estás esta noche / decí qué fantástica se te ve / para mí nunca será suficiente / tomame del codo / apretalo fuerte / guiame hacia la luz, tesoro / como si estuviera indefensa / sin mis ojos / dejame resplandecer como una lluvia de estrellas / vos me hacés sentir tan bien / tenés ese poder / yo brillo por vos / centelleo / ya entro en efervescencia, quiero que me exhibas como una orgullosa conquista / como un trofeo, como un animal de la jungla domado / una pantera para los otros / para vos, amor, un manso cordero / vas a estar orgulloso / y se te verá tan afable de blanco y negro / demonio del infierno / mi Lucifer / antiCristo / me hipnotizás cuando me mirás con tus ojos llameantes / tu personalidad viril / vamos ya mi amante / ¡oh! ¡Tengo que hacer pis!

ESCENA 11

STEVE: Escapamos hacia el restaurante / un poco de reposo al fin / sacate el tapado, querida / empolvate la nariz / ponete brillo en los labios / yo voy a salpicar al baño / hola, Giovanni / "¿Cómo están hoy M'sieur y Madame?" / sus dientes relucientes están asegurando que está todo bien y normal / todo está a salvo / la ventana doblemente atrancada / contra los temibles del IRA / nuestra mesa está lista / ¡excelente! ¡viva! / con grandes ojos entusiastas / contemplamos el panorama / un río de nobles, caballeros y barones / un arroyo de diamantes, perlas y oro / un torrente de abogados, jueces y condes / una gota de la realeza más alta / *(Aparte)* (Hola Charles, Hola Di) la salsa exacta que a todo le da un sabor perfecto / una pizca de realeza extrae del resto un sabor que es absolutamente mejor. / ¿Un aperitivo? Cinzano con limón / un mordisco de hielo / es un cielo su sabor. / ¿Qué desean comer M. y Mme? Un salmón *fumé* / ahumado de la manera más perfecta / su carne se desgarra como la seda / fue desovado en los lagos de Escocia / colgado para ser curado por aquéllos que conocen el secreto del salmón / los que saben del olor / a continuación, paltas rellenas de camarones / ajo para darle sabor / y todo aplastado formando un puré / peras tan tiernas como los vientres de los bebés / camarones crocantes como trozos de hielo / el champagne Perignon después se lleva todo en su marea / los entremeses masticados / todo ha quedado limpio allí / la boca rosada y desnuda otra vez / para recibir como Gargantúa sus bocados de placer / y ahora qué, oh, amor, decidí vos / *steak au poivre* o *le boeuf sur le toit, turbot poché* o *noisette d'agneau* / cangrejo fresco arrojado recién en un aullido hirviendo y por eso su carne es rosa atardecer y sabe como un sueño / filet mignon con salsa de ostras / suena imperdible / tráiganos dos / caracoles a los costados / es tan sublime su sabor / cocidos en hierbas dulces y vino / un Mouton Rothschild en su justo punto de frío / y bajarse todo / ¡hmmm! Exquisito / tomemos un poco más / corto la carne / corre libremente su sangre / cruda como una herida / tierna como un beso / la abrazo / trago en éxtasis el último pedazo / como lava me fluye por dentro / una montaña de espinacas y una hectárea de champignones / con todo cargamos y aún queda espacio / ¡más champagne! Va arrastrando como una ducha todo el pescado y el ajo / el gusto levemente ácido / el eructo, el resplandor de la náusea que empieza a formarse / a partir de una masa de camarones, carnes, ostras y salmones en un espumante oleaje / estamos frescos otra vez, mi amor / podemos ir ordenando / ¿qué dijiste? Más champagne / Dios mío, te lo estás bajando / más champagne / seco, salvaje y helado / cómo, no tienen más Mouton Rothschild / bueno, denos el mejor, el mejor que tengan aquí / empezá a moverte, italiano cornudo / ¡no, perdón! ¿Qué digo? Estaba bromeando / usted es mi amigo / (*Aparte*) mozo de mierda, pretende que es el colmo de lo más / sólo porque le cayeron Charlie y Diana a cenar / piensa que su pis ahora huele a champagne / sí, queso vamos a pedir / un poco de Armontal, Gruyére, fines herbes y Brie / que esté bien maduro / que supure levemente / apenas lo suficiente / pero no más / si se chorrea te voy a tirar tu queso de mierda para afuera / estoy bromeando, conchudo / no te pongas nervioso / más champagne / más dije, mozo / ahora caviar para terminar / es perfecto comido al final cuando creés que ya no podés embutir en tu pico nada más / una cucharada de caviar se irá deslizando hasta encontrar un espacio donde vos no podrías encontrarlo / ¿más champagne, mi amor? ¿Te estás sintiendo bien? ¡Sí! *Crêpe Suzette* / peras al licor / babas al rum y *éclaires* al cognac / ¡hmm! Qué burbujeante / es pegajoso y suculento / mi Dios, baja chapoteando / mis tripas están ardiendo / más champagne, yo jadeo / casi no puedo respirar / dame un cigarro / un cognac / algo que no ocupe el más remoto lugar / no podría soportar la idea de que aún queda algo de espacio / la más remota hendidura que pudiera alojar un bocado / algún deleite no explorado / que a una noche perfecta pudiera ponerle el broche / así que ahora me siento bien / necesito cagar / qué cagada, no me puedo mover / tengo arcadas / quiero vomitar / vuelvo en un santiamén / voy a cagar y mear y voy a volar la casa / ¡Ha! ¡Ha! ¡Ha! Puta, está subiendo / ¿se puede vomitar, cagar y mear todo al mismo tiempo? Debe ser un récord / nos vemos, querida / lamento ofrecer una visión semejante.

HELEN: ¡Nada de disculpas, mi cielo / ha sido una noche despampanante!

ESCENA 12

LES: Esto no va / el tipo éste me tiene agarrado de las bolas / no parece funcionar mi pequeño plan / no soy realmente ningún Tarzán / y qué, él está con su distinguida dama de abolengo / y qué, la vida para ellos no es más que un juego / no como nosotros / que trabajamos para ganar nuestro pan / nos levantamos / el despertador bien junto a la cama / un polvo cuando no estamos demasiado cansados del yugo. Regateamos unos centavos / para sacar precios más bajos / ¿podremos salir este año de viaje? / estamos en rojo / carajo / los chicos necesitan zoquetes nuevos / querida, mirá los impuestos que llegaron en estos días / hoy no hay carne, busquemos sobras / para hacer una rica sopa / OK / la nafta aumentó y los puchos son caros / es mucho más barato hacerse puto hoy por hoy, de veras lo digo / porque no hay esperanza / y menos con chicos / en el bar / nos echan a la hora exacta / "vengan los vasos / siempre hay un mañana" / pero no para esos miembros de los clubes / se pasan afuera las noches enteras porque no tienen que empezar la corrida con las primeras luces del día / se pueden quedar en la cama hasta las diez de la mañana / hacer que les lleven las medialunas calientes / ocuparse de pavadas / cogerse al Estado / formar sociedades y liquidarlas / lo hacen todo legalmente, como todo en ellos / pero si nosotros robamos por derecha nos meten en cana / por lo menos nuestros robos son honestos / romper y saquear / robo a mano armada / un buen ladrón tradicional / pero esos hijos de mala madre lo hacen todo de modo legal / abogados, sociedades, actas, y fraude / y terminan con honores en la Cámara de los Lores / ella tiene razón / cada vez que oigo la voz del cabrón se me aflojan las rodillas / no es porque yo lo

elija / es algo encarnado como una uña del pie / los que
nunca tuvieron frente a los que tienen siempre se sacaron
el sombrero / es la voz / el estilo es / esa sonrisa cortés /
con una multitud de personas a sus pies / todavía nos
mantienen en la esclavitud pura / es como una pirámi-
de / nosotros en la base / un montón de estúpida basura / alimentados por todo lo que es peor en la vida / la
prensa amarilla / el fútbol, billares y barsuchos / para
asegurarse de que los obreros sigan siendo de la clase
obrera / un montón de mierda bruta / sólo digna de
una buena curda y una viandada recalentada al entrar
a casa / y mantener la cabeza gacha / aquí está el man-
damás / aquí está el juez / aquí está el policía / aquí está
la familia real / ¡ooh! ella, ¿no es divina? / esta semana
qué ropa se pondrá / en la coronación los obreros con los
cerebros lavados agitan las banderas vestidos con andra-
jos / el costo de la guerra va aumentando / el oso se
pone en marcha otra vez / yo no quiero matar y pelear
a brazo partido para complacer la voluntad de un pervertido / si me tomo venganza en forma privada / me dan
diez años de cana / pero si lo hago al por mayor / y en
uniforme, para que sea legal, mato a un montón / me
pinchan una medalla y el uniforme me luce mejor / y
como mi odio no está tan caliente todavía / como para
hundirle a este tipo un cuchillo en las tripas / voy a
dejar que se extinga igual que el dinosaurio / y a esta
perra puta mía la voy a mandar al carajo.

ESCENA 13

Sybil: Cobarde como todos los de su bando / qué carajo
me va a importar / si los hombres vienen de a dos por
centavo, a cagar / chasqueo los dedos y tengo varios
más / es como cazar patos dormidos / lo único que quieren hacer es... otra vez hay que decirlo / son todos tan
fáciles, qué pesadez / una cosquillita y ya los tenés /
una erección lo pone empalagoso como un nenito /
que se babea por su caramelo / no piensan en otra
cosa, y cuando están en celo / bueno, es como sacarle
a un nenito su caramelo / nos cogemos a los mal paridos / pero sin apresuramiento / primero los atrapamos
con un besito tierno / investigamos al individuo y che-
queamos su estado bancario / su posición en el mundo / mucho cuidado, querida / no tires tus perlas a los
chanchos en quiebra / no cojas por amor, por el amor
de Dios / arrojá la red y meneá la cola / pronto esta-
rán babeando por vos / no falla jamás / el chico, el hombre, los héroes, imaginan que te consiguieron cuando tu
vagina sobrevuela en sus sueños / arruinale esa imagen / o vas a ser solamente un tacho de basura para su
sed de lujuria / un recipiente para su semen / dale a
probar y después retirate un momento / va a rogar por
más y más / va a pensar que tu concha es de oro y
mirra / le va a escribir poesías al ojo de tu culo, el
patético chitrulo / torturalo / no muestres demasiado
entusiasmo / como un traficante, dale la primera de
regalo / enganchalo primero con tu dulce aguijón /
luego jugá el juego / no estés a mano cuando suene el
tintineo de su erección / ahora entonces la droga mor-
dió / estás en su sangre, no vas a ser tan libre la próxima vez / dejalo que se arrastre, va a creer que sos el
punto culminante / el nirvana serás / una diosa, Afro-

dita, prodigiosa, celestial, y perfecta / con qué habré mi amor de comparar tu cabellera / se cree que es Shakespeare y se vuelve más loco que la mierda / porque piensa que ha conocido la gracia / el rostro perfecto y esquivo / después, dejalo volver / sé dulce y dejá la cotorra flojita otra vez / incluso sé su putita / y entonces ¡zas! ¡¡retirada!! "Ya no me querés." Está colgando de las uñas / ahí nada más te ponés insegura / "No sé querido si estamos bien" / hacé que se arrastre, noches infinitas sin poder dormir / esta parte, chicas, es muy tramposa como así también peligrosa / él puede decidir que está mejor sin *vos* / si la fuerza le da / una pizca de más / lo podés perder y tendrás que empezar todo desde el principio otra vez / pero probablemente, como el perro de Pavlov, el gil esté perdido / si funciona, vos ahora te volvés / inmortal para el cretino / sos opio, una fruta exótica, oro en polvo, / está de rodillas así que pateale los dientes / y después rápidamente agarralo bien fuerte / es débil / andá a los billetes / una esposa, eso viene luego / diste en el blanco, ya es hombre muerto / una casa, protección y por último, el testamento / y no el que él dejaría / con el cerebro bien ubicado en la cabeza / desbaratá eso y ya estás hecha / manejalo un poco de los piolines y después arrimate y dejá que te mime / sé su dulce novia / y luego entonces se va a creer que *él* conquistó a aquella mujer, el único ser en el mundo que el destino engendró para él / está lleno de orgullo / una cacería es lo que fue / un juego sencillo nada asediado de grandes peligros si el olor de la fama te va marcando el camino / tu reputación se agranda / una dama de la alta sociedad / para atrapar a un animal se necesitan artimañas, pero para atrapar a un león la dificultad es mayor / el camino es duro y solitario, pero colgado en tu pared será un trofeo extraordinario / o sea, todo es igual / la bestia y el hombre humano / siempre son ni más ni menos que caza mayor / no los vas a conseguir siendo una chica gentil / se consiguen con astucia, con maña y con algún artilugio vil / o si no podés ser una dulce chica honesta, bien cogida, abundante descendencia y terminar hecha una mierda / ¿¿liberación?? ¡De eso se trata, nena!

ESCENA 14

Se juntan para el baile final.

STEVE: Me gusta bailar.

HELEN: Me gusta tomar el té en el Ritz.

STEVE: Me gusta levantar vuelo / y paladear champagne en el cielo.

HELEN: Me gusta menear las caderas al ritmo de mi corazón / dar vueltas y giros.

STEVE: Me gustan Gene Kelly y Fred Astaire / me gusta lamer anís en tu ombligo.

HELEN: Me gusta oler como el olor que tiene un jardín salvaje después de que llueve.

STEVE: Me gusta el placer que obtengo del dolor. Me gusta sostenerte por la cintura mirando los rubíes rojos que se desprenden de tus ojos.

HELEN: Bailar bajo un polvo de estrellas que titilan en las alturas.

STEVE: Luces que centellean / diamantes que te encandilan.

HELEN: Las violetas, los cocktails, las alfombras gruesas.

STEVE: Las invitaciones grabadas en relieve / codearse con personas ricas y especiales.

HELEN: Largos dedos que se adornan con joyas Art Nouveau.

STEVE: Como fuegos artificiales que brillan chispeando.

HELEN: Perlas y amatistas incrustadas en blanco. Me gusta despertar con el lamido del mar en mis oídos, hecha un capullo en sábanas de seda / y que mis sueños muy suavemente se disuelvan en la mañana incipiente.

STEVE: Como manteca que se derrite sobre la carne caliente / tu culo redondo como tibios buñuelos.

HELEN: Tu verga en sandwich entre las nalgas mías.

STEVE: Como un pancho que anida su salchicha / tu cabello una mansa pradera sobre los encajes blancos de la almohada.

HELEN: El suave golpecito en la puerta.

STEVE: El café y los panecillos con manteca y el primer pis humeante.

HELEN: La ducha y calcinarse en los vapores sofocantes.

STEVE: Los diarios de la mañana blancos y crocantes. Asesinatos, violaciones y decesos...

HELEN: Acompañados con uvas y queso...

STEVE: Bombas y heridos...

HELEN: Más café, mi querido...

STEVE: Terremotos y moribundos...

HELEN: Tostadas y huevos duros...

STEVE: Hambre e inanición...

HELEN: Salchichas y fetas de jamón.

STEVE: Te levantás como Venus atravesando los cielos.

HELEN: Dejamos en los diarios estrujados el crimen y los homicidas para que nada ensucie jamás estas vidas inmaculadas que son la tuya y la mía.

STEVE: Ellos pertenecen a otro territorio donde las gentes caminan llenas de arsénico y odio.

HELEN: Allí donde la envidia sigue a la codicia y se transforma en la semilla que intenta dar su flor en la maceta nuestra.

STEVE: Sin esperanza ninguna / nosotros estamos a salvo aquí en las alturas / desde nuestro nido elevado como águilas sobrevolamos a los depredadores de abajo.

HELEN: Que juegan a la lotería o a cualquier otra basura que convenza a sus mentes mezquinas de que él puede ser aquél que la fortuna designe un día.

STEVE: Cuando es mucho más factible que los maten en el camino antes que lograr su fortuna por voluntad del destino.

HELEN: Entonces, en sus metrópolis como colmenas, ustedes respiran y esperan.

STEVE: Encienden la tele.

HELEN: Y se van a dormir corriendo después de escuchar el pronóstico del tiempo.

STEVE: Se volverán bizcos y les saldrán patas de gallo de tanto escudriñar las letras más chicas y los precios más bajos.

HELEN: Nosotros jamás pensamos en el precio sino solamente en lo que es bello.

STEVE: Tus ojos, mi cielo, habrán de leer el modelo únicamente y ninguna etiqueta de precios te va a impedir que lo lleves.

HELEN: Pueblo, no te vas a elevar jamás.

STEVE: No, nunca vas a imaginar que hay una vida mejor mientras la cerveza no suba a más de dos peniques el balón.

HELEN: Está todo bien, mi vida.

STEVE: Vamos ya, mi amor, se está haciendo de día.

HELEN: Miremos la salida del sol en su vasto palacio de luz misteriosa.

STEVE: Gracias Giovanni, ha sido una noche maravillosa. ¿Cigarrillo?...

(Ambos encienden cigarrillos e inhalan profundamente y mientras la luz se va, envejecen en la resolución de sus vidas corrompidas).

A la griega

(1980)

Personajes:

Eddy / Adivino
Papá / Gerente del café
Esposa / Doreen / Camarera 1
Mamá / Esfinge / Camarera 2

NOTA DEL AUTOR

A la griega llegó hasta mí a través de Sófocles, escurriéndose a través de los milenios hasta dar con el basural inimaginable de Tufnell Park -un territorio más fantástico que real, una amalgama de esas zonas de guerra agonizantes en las que han devenido ciertas áreas de Londres. Tufnell Park no fue más que una palabra con la que juguetear -del mismo modo que nuestros comediantes más ramplones juegan por ejemplo con el sonido de East Cheam-, así que no ha habido ninguna intención de ofender a sus habitantes.

En mi visión, Gran Bretaña se apareció como una isla encerrada en su podredumbre gradual, rapiñada por hordas errantes sin ninguna perspectiva de futuro en una sociedad que tenía pocos ideales y mensajes que ofrecer. La violencia que arrasaba las calles, como una emanación que tuviera el poder de pervertirlo todo, la espantosa fiebre de sábado por la noche a tono con los bares que vomitan sus funestos ocupantes hacia las calles, las matanzas y mutilaciones en los encuentros deportivos, además del ocasional asesinato de opositores políticos en Irlanda del Norte, describían una sociedad en la cual se hubiese enraizado una peste emocional. Era un lugar gélido, en mi memoria, encendido de vez en cuando por el rugido de la bestia -la bestia de la frustración y del enojo, cuyo apetito es apaciguado por estas camorras revoltosas, que momentáneamente mitigan su necesidad. Éramos los más grandes espectadores de videos, ya que habíamos perdido la habilidad de hablarnos entre nosotros. Sentados como zombies, sofocados en nuestros intentos de comunicarnos, alimentados por la pantalla titilante como pacientes de hospital enchufados a la terapia intensiva.

Edipo halló una ciudad en las garras de la peste y buscó liberarla de la fuente de su mal, representada por la Esfinge. Eddy busca reafirmar sus ideales e inculcar un nuevo orden de cosas con su perspectiva y su energía vital. Su pasión por la vida está inspirada en el amor que siente por su mujer, y su desprecio por el medio degradado que le tocó heredar. Si Eddy es un guerrero que blande flamígera espada mientras avanza, embistiendo contra todo lo que encuentra contaminado, al mismo tiempo él es en su corazón un joven corriente con el que muchos que conozco se identificarán. La obra también es una historia de amor.

Al escribir mi *Edipo* "moderno", no me fue difícil encontrar paralelismos contemporáneos, pero cuando llegué al momento en que se arranca los ojos me detuve, porque en mi versión no hubiese tenido sentido (considerando la disposición nada fatalista de Eddy) que se embarcase en semejante acto de odio hacia sí mismo -a menos que yo hubiera cedido a esclavizarme a imitar el original. Un día, un amigo me dio a leer un libro que echó luz sobre mi problema con una situación casi idéntica. El libro se llama *Siete flechas* y es de Hyemeyohsts Storm. Hay en él un pasaje de tal ternura y simpleza que inmediatamente me proporcionó la clave para mi propio final:

"—¿Cómo es, Halcón -le pregunté- que no he de hacer el amor a Dulce Agua, mi madre?

"—¿La amas?, me preguntó.

"Le respondí: -Sí, más que a nadie... Pero... los hijos de semejante amor no nacen bien.

”—¿Alguna vez has visto a uno de estos hijos?- preguntó Oso Nocturno.

”—No. Y tampoco he sabido de nadie que los haya visto...

”—Entonces es como todo... Parece fácil escuchar que un hijo mata a alguien, aun a su madre, pero resulta difícil a los oídos de la gente enterarse de un hijo que ama a su madre.”

A la griega se estrenó en el Half Moon Theatre, Londres, el 11 de febrero de 1980, con el siguiente reparto:

EDDY Y ADIVINO	Barry Philips
PAPÁ Y GERENTE DEL CAFÉ	Matthew Scurfield
ESPOSA, DOREEN Y CAMARERA 1	Linda Marlowe
MAMÁ, ESFINGE Y CAMARERA 2	Janet Amsden
Director	Steven Berkoff

A la griega pasó luego al Arts Theatre Club, Londres, en septiembre de 1980, con el siguiente reparto:

EDDY Y ADIVINO	Barry Philips
PAPÁ Y GERENTE DEL CAFÉ	Matthew Scurfield
ESPOSA, DOREEN Y CAMARERA 1	Linda Marlowe
MAMÁ, ESFINGE Y CAMARERA 2	Deirdre Morris
Director	Steven Berkoff

El 29 de junio de 1988, se reestrenó una nueva producción en el Wyndham's Theatre, Londres, con el siguiente reparto:

Eddy y Adivino	Bruce Payne
Papá y Gerente del café	Steven Berkoff
Esposa, Doreen y Camarera 1	Gillian Eaton
Mamá, Esfinge y Camarera 2	Georgia Brown
Director	Steven Berkoff

A la griega se estrenó en Buenos Aires en agosto de 1998, en la traducción de Rafael Spregelburd, con el siguiente reparto:

Eddy y Adivino	Roberto Sáiz
Papá y Gerente del café	Carlos Weber
Esposa, Doreen y Camarera 1	Alicia Aller
Mamá, Esfinge y Camarera 2	Adela Gleijer
Escenografía y vestuario	Pepe Uría
Asistente de escenografía	Alfonso de Lazzari
Iluminación	Roberto da Cunha
Operador de luces	Ignacio da Cunha
Música original	Jorge Rosso
Prensa	Susana Casais
Asistente de dirección	Silvia Morán
Dirección y puesta en escena	Román Caracciolo y Francisco Javier

A LA GRIEGA[1]

Lugar: Inglaterra

Época: Presente

Escenografía: una mesa de cocina y cuatro sillas comunes. Éstas tendrán muchas aplicaciones. Pueden transformarse en todo lo que se necesite de ellas, desde la plataforma para la Esfinge hasta el café. También funcionan como el tren; el entorno que sugiere los orígenes humildes de Eddy y que luego habrán de transformarse en su lujoso y elaborado hogar del Segundo Acto. La mesa y las sillas simplemente delimitan espacios y funcionan como anclaje o base para que los actores se lancen. Cualquier otro artefacto será mimado o sugerido. Las paredes son tres paneles rectangulares verticales, muy de hospital y al mismo tiempo remitiendo al clasicismo griego. Las caras están pintadas de blanco y claramente delineadas. El movimiento deberá ser preciso y dinámico, exagerado y a veces portador del calibre de personajes de historieta. La familia actúa como coro para todos los demás personajes y espacios.

---

[1] NOTA DEL TRADUCTOR: La traducción del título plantea no pocos problemas. La alternativa más sencilla es optar por el término "GRIEGO", ascético y contundente, y por el cual me inclino en lo personal. Sin embargo, y dado que en inglés los adjetivos gentilicios pueden también designar plurales, puede forzarse al título hacia el más sugestivo "GRIEGOS". La palabra Greek, cuando aparece en el texto de Berkoff, refiere al "estilo griego", por lo cual no es descabellado interpretar, como los traductores españoles, que el título en realidad es "A LA GRIEGA".

PRIMER ACTO

ESCENA 1

Eddy: Así es que fui desovado en Tufnell Park, que no está a más de una pedrada del Ángel / a un pedo de mono de Tottenham o a un escupitajo de Stamford Hill / es un basurero, la verdad… un pozo de semen, generoso en putas que apuntalan los bares de las esquinas, el tipo de bares donde se juntan los viejos pelotudos… los imbéciles aburridos que ahorran para pasar las Navidades con sus parientes… mi mamá hacía eso… ahorrar todo el año para sus fiestas de Navidad piojosas entre viejos parientes borrachos vestidos con cardigans de Marks y Sparks que se lo pasan todo el año haciendo lo menos posible, con una mano en el cajón del jefe y con la otra rascándose las bolas… venían todos a casa a vomitar en las paredes del baño la cerveza berreta y los abortos indecibles de mamá tratando de hacer honor a la alta cocina, y después a ajustarse la dentadura… a hablar pestes de los negros, envidiándoles las vergas, a asquearse de los judíos, envidiándoles la guita… les daba por odiar todo aquello que camine y tenga menos de treinta, y se dormían de aburrimiento frente a la tele… así que se juntaban en los bares, sobre todo en un bar hediondo administrado por un irlandés rancio e inútil como la bosta de cerdo, que no les vende otra cosa más que bebidas y papas fritas en diversos sabores químicos, a esos rústicos benefactores que juegan sin parar con unos dardos de mierda, toman bidones de una cerveza como pis de jejenes desabridos y parlotean así...

PAPÁ: ¿Viste a Arsenal la semana pasada?...

DOREEN: Yo creo que la selección inglesa está completamente acabada...

MAMÁ: ¿Qué me decís de cómo picó hacia adelante...?

PAPÁ: No, no, se cagaron encima...

DOREEN: ¡Dejame de joder!

EDDY: El tufo del bar aumenta y los jubilados siguen sentados en el rincón con la mirada en blanco buscando los sueños que nunca lograron, y con una gota de moco colgando de las narices, tratando de hacer que un porrón dure cuatro horas... ahora se empieza a llenar y el irlandés brama "es hora de cerrar" y te arranca el vaso de la mano mientras te hace estallar los tímpanos gritando como un milico, su mujer empieza a revocarse la cara de reverendo ojete a base de pinceladas que la dejan como si la hubiera maquillado un epiléptico borracho en una montaña rusa...

MAMÁ (*como el coro*): Hola, amor.

EDDY: Ella echa espuma... mirando fijamente con esa cara amarillenta de ojos parduzcos como dos pasas de uva en un plato de avena. Y si te da por asomarte demasiado sobre la barra, un monstruo hijo de puta, un conchudo ovejero alemán se te tira encima con los colmillos babeando de ganas de arrancarte el pescuezo... así que dejé de ir a los bares con sus coros nocturnos de decadentes...

EDDY: ...y...

LA FAMILIA (*como el coro*): 'Ta luego, Tel...

EDDY: Ahora, tenemos bares muy finos, preciosos. Es mucho mejor: te sentás, media botella de château o

Bollinger, un poco de paté y ensalada servidos por una minita que parece recién sacada de la heladera… ahí te podés llevar a la chica que prefieras, la mía es una compañera de lujo, siempre como recién mentolada, filosa como el césped recién cortado, la bombacha más blanca que la Navidad, unos ojos azules como diamantes, unos labios que son un par de ígneos rubíes rojos, la luz pega en su boca y el reflejo te ciega, ella sonríe y el corazón te salta hasta el cuello y sentís que un demonio despierta entre tus piernas y te llega hasta el mentón… Una y otra vez… Yo uso anteojos de sol para protegerme de la blancura de sus dientes… ni rastros de tabaco… su aliento es la misma brisa del mar en el muelle de Brighton… ¿Cómo vas a llevarla a ese bar? ¿Cómo se te ocurre? ¡No! Eso es para los viejos fascistas que cantan canciones de guerra en la vereda y…

LA FAMILIA: Levántate, Mamá Brown…

Levántate, Mamá Brown…

EDDY: Así que voy al bar delicado con mi avecilla que está tallada en mármol y ónix y envuelta en aromas que prometen sexo de un modo que no podrían imaginar… nado en ella como si me sumergiera en el Jordán a recibir mi bautismo. Bueno, resulta que un día mi viejo me llama a la cocina.

PAPÁ: Hijo, vení acá…

EDDY: Dice:

PAPÁ: …quiero charlar con vos, podemos ir al bar, te invito un trago.

EDDY: "¡No! Al bar no", aúllo consumido por un pánico genuino y sin ápice de impostura. "Mejor pongo agua para un té"… mamá salió… el crucigrama del diario a medio terminar… bueno, todo esto resulta un poquito repugnante pero hogareño, de un modo un poco enfermizo si no estás acostumbrado a algo más pasable, no se parece al interior de un templo Zen pero es acogedor. Migas en la alfombra, unas fotos demoníacas de mi hermana sobre la chimenea y un retrato de abuelita que parece un penoso Mussolini travestido, que es lo que todos parecían en aquellos remotos días de la prehistoria, los soretes del caniche otra vez detrás del armario… las cáscaras rancias de la panceta hieden en la sartén y la cocina apesta a grasa. Le preparo una taza a papá. Mamá está en el bingo y mi hermana cavila en su cuarto, rumiando la posibilidad de apretarse unos jugosos granos de la cara… sus bombachas usadas tiradas por el suelo… siempre las dejaba en el piso para que mamá las recogiera, yo jamás hubiera osado hacerlo, de no ser con esas pinzas que recogen sustancia radioactiva detrás de paredes blindadas. Así que nos sentamos, y me confiesa esta historia… saca un cigarrillo y se sienta con la bragueta medio abierta, y la ceniza del pucho a punto de caerle sobre la camisa. Trato de no mirarlo, ni a él ni a la bragueta. Trato de ocupar mi cabeza con el último disco de Stan Kenton. Miro por la ventana y veo pasar las nubes grises de Tottenham tras los vidrios… una diminuta hilacha de sol lucha por colarse, descubre sobre qué cosas tiene que echar luz y piensa "al carajo, no vale la pena" y se bate en retirada. Entonces papá dice…

PAPÁ: Mirá, hijo…

EDDY: Yo digo "sí, papá", espiando su cara arrasada por el trabajo, sus desabridos pantalones de cuarta y su mortal camisa *wash & wear* que se embebe del olor corporal en menos tiempo del que la mierda atrae a las moscas… espío toda esta fusión de basura y digo "¿sí, papá?, ¿de qué querés que hablemos?", nunca le escuché decir mucho más que…

PAPÁ: Los negritos, de vuelta a la selva...

EDDY: ...y...

PAPÁ: "Con Hitler, los trenes llegaban a horario"...

EDDY: Hay un montón de admiradores de los nazis entre los ingleses más miserables. Los imbéciles se preguntan por qué al final de una vida de ajustarse el cinturón o de ir a la huelga, el judío de la esquina ha juntado unos ahorros, o por qué los chipriotas tienen un negocio de exquisiteces, en lugar de nuestro patético almacén de bosta donde sólo venden queso para ratoneras, unas latas miserables de sardinas, o de arvejas, atendido por una pesada que te dice, "no, eso no lo traemos porque no tiene salida" cada vez que se le pide algo ligeramente más exótico que Kelloggs. Pero resulta que papá no arremetió con su balbuceo fascista, lo cual me alivió bastante, ya que el Frente Nacional estaba lleno de papás como éste y de conchudas como la del almacén... "sí, pa", le dije, "qué mosca te pica"... se le arrugó la cara de un modo difícil de describir, como en esos viejos avisos de limonada que muestran un limón exprimido y me sale con que...

ESCENA 2

PAPÁ: Cuando eras un bebé de pecho / fuimos a un gitano, un adivino / qué risa / en una feria de Pascuas / no te rías / un capricho, nada más / a gastarnos unos pesos en un poco de emoción, no me hablen de emociones / así que entramos / el gitano pregunta si tengo un hijo. "Sí", le digo, quiero decir, ¿quién no tiene un hijo? Mientras tanto su mirada fija en la bola de cristal / los ojos se les salen de las órbitas / yo no me lo tomo en serio, sigo con la broma / es Pascuas y todo eso / qué bien lo vamos a pasar y toda esa cosa / la cara se le empieza a contraer, a retorcérsele, y dice / que ve una muerte violenta para el padre de ese hijo / ¿qué?, pero si el papá soy yo / déjese de joder / no se ponga dramático / estamos colorados como casas que se queman / "y veo", me dice, "algo peor que la muerte / y lo que veo es que se garcha a su madre." / "Te voy a dar un revés", le grito / "me estás tomando el pelo / te fumaste una hiedra africana." / "No", chilla, "lo veo, y lo que veo, lo veo / no me paguen siquiera, sólo esfúmense / abandonen mi tienda / quédense con la guita" / salimos corriendo, tu mamá estaba blanca como el Persil / yo más amarillo que un chino con ictericia / por supuesto hicimos caso omiso / lo olvidamos, aunque no del todo / esperamos hasta que crecieras y un día le dije: "Dinah / te acordás del negrito ése en la feria que nos dijo toda esa porquería de Eddy", una mañana que estábamos así nomás tirados en la cama, digiriendo pedazos del pasado y aún lamiendo el sabor de algunos recuerdos jugosos /

MAMÁ: No mucho...

PAPÁ: Masculla nuestra Dinah...

MAMÁ: No mucho, fue cuando casi pierdo a Doreen en el sexto mes de embarazo / qué momento.

PAPÁ: "Bueno", le digo, "esa feria está otra vez en la ciudad, la misma empresa quince años más tarde / vamos a darnos una vuelta por lo de ese viejo, a decirle a ese gitano cornudo qué sarta de estupideces nos dijo / cómo se las arregló para trastornar a mi parienta con su montón de sucias mentiras" / así que allá fuimos / de todas maneras sin la certeza de que siguiera ahí porque en esa época ya debía andar por los sesenta años / nunca se sabe, esperamos nuestro turno / tenía el mismo cartel: "Hágase leer el futuro / en la bola mágica de Fantoni" / ¿Qué hacemos? ¿Entramos?...

MAMÁ: ¿A vos te parece?

PAPÁ: ¿Por qué no?, es ahora o nunca / nos pusimos ligeramente pálidos pero entramos con paso seguro / el mismo quilombo de entonces sobre la mesa, la misma cortina de cuentas por la que ya habíamos pasado y el mismo pedazo de vidrio viejo, pero no, no era él, entonces le dije: "¿Dónde está el viejo de la otra vez al que parece que le has robado el nombre?"

Eddy *(como el "GITANO")*: Mi difunto padre...

PAPÁ: Dijo...

Eddy *(como el "GITANO")*: Mi padre profirió sus últimas palabras hace cinco años / y estiró la pata / pero me enseñó su arte / me imbuyó de su visión / gozo ahora de sus poderes / así que pueden estar tranquilos / que si él los ayudó entonces / oblen ahí con una libra que yo haré lo que pueda...

PAPÁ: Y así, Eddy, tu mamá y yo nos sentamos como la vez anterior / los años se esfumaron / como si la tierra cayera en un profundo agujero, y el tiempo y el espacio se desvanecieran / nos pareció haber retrocedido fugazmente esos quince años / en esa carpita / oyendo la música de la calesita ahí afuera y ese olor extraño / los gritos que se iban debilitando, nada más que el vaho

de hierba rancia bajo nuestros pies / y la carpa parecía
diminuta / como una trampa, y súbitamente el calor, y
nada afuera salvo el silencio, pero su rostro / su rostro
empezó a contraerse como el de su padre / la boca se
volvió blanca, tirante, como si un terremoto sacudiera
su cabeza y sus labios estuvieran luchando por no
dejarlo salir. Dinah sospechó, pero, naturalmente, esperamos / "no me diga", le dije, "que ve a un hijo mío"
/ sus ojos se alzaron afirmativamente / sin una palabra, sólo esa mirada y la boca apretada / como rete-
niendo algo peor que el vómito / "y usted ve algo peor",
le digo, "como un accidente espantoso, tal vez." / Asin-
tió, abrió los labios lo suficiente como para articular
la palabra "muerte", que no se animaba a pronunciar
en voz alta. Luego clavó los ojos en Dinah / pero ya
teníamos bastante y no queríamos oír la otra mitad sino
salir volando de allí / me di vuelta y recuperé la libra
de la mesa / no sé bien por qué / pero igual que la primera vez cuando me devolvió la plata / me parecía estar
diciendo que si me llevaba la guita esto no podría suceder / sus ojos me miraron con piedad / como esos muñe-
cos de mazapán que se compran en Woolie's con forma
de niños a los que se les está por caer una lágrima / ya
sé que sólo es una feria de diversiones, Ed, / algo de lo
que reírse, una travesurita / no se lo reprocho al tipo /
¿a vos qué te parece? / ¡a que no deseás a tu vieja
madre! No querés matarme, ¿no es cierto, hijo?

DOREEN: A ver si la cortan ustedes dos.

EDDY: ¡Doreen! A papá le colgaba la cara como un testí-
culo húmedo y cansado / la boca abierta y los ojos
como bolsas de consorcio / ¡desear a mi vieja! Preferi-
ría chupársela a Hitler antes que hacer lo que mi viejo
tanto temía / no, papá / pero todo este quilombo y
este cuento de viejas chusmas te ha dejado hecho pol-

vo / me iré de casa / me rajo, me las tomo / el subte te lleva lejos hoy en día, hasta países exóticos / mañana mismo me las pico / necesitaba escaparme de este antro mugriento y esta excusa parecía tan buena como cualquier otra / adiós, mami y papi. Me dijeron adiós con la mano hasta el final de la cuadra... a mamá se la veía triste / su delantal manchado envolviéndola como la bandera de su femineidad / nunca la vi sin ese delantal / siempre de pie en la cocina como una esclava negra corriendo detrás de papá y de mí y de mi hermanita...

PAPÁ: Pasá las tostadas.

EDDY: ¿Dónde está el dulce?

DOREEN: ¡Cerdo!

MAMÁ: ¿Más té, cariño?

PAPÁ: Pasá las tostadas.

EDDY: ¿Dónde está el dulce?

DOREEN: ¡Cerdo!

MAMÁ: ¿Más papitas, cariño?

DOREEN: Estoy a dieta.

MAMÁ: ¿Más torta, amorcito?

EDDY: No, mamá, ya me comí seis porciones.

MAMÁ: Dale, agarrate otra.

EDDY: No quiero más, vieja podrida.

PAPÁ: ¡Che!

EDDY: Escupí con afecto.

MAMÁ: Oh, no le gusta mi torta.

EDDY: Decía con una sonrisa idiota... "bueno, pasame otro pedazo que me lo voy a tragar con un tazón de té para remojarlo un poco."

PAPÁ: Pasá las tostadas.

EDDY: ¿Dónde está el dulce?

DOREEN: ¡Cerdo!

MAMÁ: ¿Más té, cariño?

EDDY: Mamá nos contempla con los ojos húmedos, nos

mira masticar como cerdos grasientos en un chiquero / dejando la mesa llena de basura, total lava mamá, qué bien conocía la pileta / papá elige los peores perdedores desde su raído sillón / mi hermanita se coloca el diafragma para su trajín nocturno maldiciendo en su pieza en su denodada lucha por metérselo...

DOREEN: ¡Puta!

EDDY: Y mami se sienta frente a la tele donde un cretino hecho mierda estupidiza aún más a los estúpidos que van a ganarse un poco de guita / mamá da grititos de alegría / sus piernas parecen un mosaico de tanto acaparar la estufa eléctrica, mientras yo estoy en mi pieza haciendo planes y soñando con gobernar el mundo / tomando un curso de físicoculturismo / preguntándome si a la reina se la dan más o menos frecuentemente / o planeando ligar algo a partir de un ramo de flores o de mis gloriosos encantos físicos / y así solía estar yo, urdiendo cosas en mi cuartito, fumando / escuchando el último de Stan Kenton mientras me la sacudía con el aceite de freír de mami. Ahora ya nunca más volveré a refugiarme en mi pequeño dominio... donde oía el sonido de los enormes gargajos en la habitación de al lado a través de las paredes incrustadas de mocos. En una ráfaga estos pensamientos desfilaban como gusanos por mi cabeza mientras saludaba con la mano a esas figuritas que se achicaban rápidamente, mamá y papá unidos a la distancia como el moho en el queso... papá vendría a ser el moho / nunca fui realmente un fanático de él... y al llegar al final de la calle ya sólo podía ver el delantal, hasta que perdí la silueta de mamá / y el delantal fue lo que más duró en mi recuerdo. Cuando mi vieja se vaya a ver crecer el pasto desde abajo haré enmarcar ese delantal.

MAMÁ: Cuidate.

PAPÁ: No te olvides de escribir.
DOREEN: Guardo tu foto.
MAMÁ: Portate bien.
PAPÁ: A ver si nos mandás algo de guita.
DOREEN: Te voy a extrañar.
MAMÁ: Te quiero, Eddy.
PAPÁ: Tené cuidado en la ruta.
DOREEN: *Au revoir.*
MAMÁ: Adiós, hijo…

ESCENA 3

PAPÁ: Se quemaron las tostadas.

MAMÁ: El otro día la vi a Mary.

PAPÁ: Los vecinos ya no se quejan.

MAMÁ: Matilde tuvo seis gatitos.

PAPÁ: ¿Dónde está mi tabaco?

MAMÁ: Acá. ¿No viste el aceite de freír?

PAPÁ: Extraño a nuestro pequeño Eddy.

MAMÁ: ¿Cómo se las arreglará, con tantas huelgas por todas partes?

PAPÁ: El Microcentro está sentado en una pila de mierda.

MAMÁ: De tanta basura sin recoger por todos lados.

PAPÁ: Las olas de calor convierten todo en un pantano y miles de gérmenes repugnantes se amontonan en el aire / las ratas vienen marchando.

MAMÁ: Las mercaderías se amontonan inútiles en los muelles donde los estibadores haraganean y tal vez te den una buena palta o una coliflor a cambio de una coima jugosa... la nafta es obsoleta desde que miles de autos se oxidan obstruyendo las calles, entorpeciendo los servicios más vitales. A una ambulancia, le lleva un mes ir de un lugar a otro.

PAPÁ: El país está en estado de peste / mientras los partidos de todos los colores se pelean por elegir la mejor mierda de entre toda la mierda posible / marxistas y laboristas llamando a la violencia para acabar de una vez por todas con la violencia, y los más pajeros proponen mano dura, cadenas gruesas y punteras metálicas / dardos con veneno afanados de los bares / todo el que ande con ganas de matar, mutilar o destruir / incendiar, asesinar y descuartizar está siendo reclutado por el nuevo partido revolucionario / los trolos radicales realizan violentas manifestaciones para que los dejen chupárselas unos a otros en los parques públicos cuando termine la huelga de los basureros y que dejen de perseguirlos por garchar en el segundo piso de los colectivos.

MAMÁ: Acá hay una empresa alimenticia que se niega a pagar los salarios del personal y está reclutando obreros en las selvas sudamericanas.

PAPÁ: Pero también se resisten a desalojar a las ratas que los han hecho tan famosos.

MAMÁ: La mayoría de los grandes almacenes cerraron, pero Fortnum's y Harrods resisten como soldados buenos y cobijan a gritones partidarios de lanzar una bomba nuclear de alcance selectivo sobre Hyde Park y limpiar el país -así dicen- de las depravadas bandas de asquerosos pervertidos.

PAPÁ: De noche, Hyde Park se ilumina de fogatas y se llena del sonido de los tam-tams del Partido Revolucionario de los Negros de Brixton / los Homosexuales Extremistas unen sus fuerzas a los seguidores de El Blanco Es Un Horrendo Aborto Forzoso / pajearse es una alternativa válida para la Agrupación Partidaria de los Repugnantes Hombres Hembra.

MAMÁ: Mientras tanto, las ratas enfilan por Edgware Road en dirección a Oxford Street dispuestas a girar a la derecha en Bond Street / bajando hasta Piccadilly para arrasar los depósitos de Fortnum's, recoger a sus compañeras que viven en Forte's y aunar fuerzas para hacer imposible toda resistencia, sabiendo que la resistencia se fortalece de las rencillas internas.

PAPÁ: Las ratas marchan por Piccadilly evitando entrar en el Soho donde la comida es demasiado peligrosa incluso para una rata, bajan hacia el Strand, pasando a buscar al contingente del Savoy, ratas sobrealimentadas, no aptas para la batalla pero buenos portadores de gérmenes en sus dientes podridos, cruzan el puente de Waterloo y el Teatro Nacional... tratan de despertar a las ratas del teatro que llevan un tiempo en estado de coma a raíz de un ataque mortal provocado por tantas noches de lavado de cerebro.

MAMÁ: Las que se despiertan encabezarán la segunda división y correrán por Drury Lane hasta Holborn y luego hasta King's Cross...

PAPÁ: Esquivando los cadáveres que se pudren en las calles / de los hinchas escoceses que perdieron el tren y murieron esperando el siguiente / su carne es letal / y las ratas no detienen su marcha.

MAMÁ: La Thatcher es nuestra última esperanza, amor.

PAPÁ: Si tan sólo hubiera más como ella para sanear este país. Pero, ¿cómo se las arreglará el pobre Eddy con todo esto?...

ESCENA 4

EDDY: Es como si hubieran tirado mierda en las aspas de un ventilador prendido / caminé sin parar / las sirenas aullando como almas en pena, sus fúnebres llamados rasgan las calles de Londres atestadas de basura, colmadas de hombres de azul recién afeitados que empuñan sus cachiporras negras / los dientes apretados de odio / y los puños famélicos de un poco del cotidiano ejercicio... los escoceses se alinean sobre el cordón, boca abajo sobre el vómito que baja a borbotones por las cloacas infestadas de ratas... los muy estúpidos vinieron por su soporífero partido de fútbol / una excusa para huir de las gordas llenas de mierda que los esperan en sus conventillos / llevan unos gorritos muy graciosos con pompones y todos los dientes podridos, eructan en el aire carbónico sus tufos venenosos y canturrean una melodía o dos, que hablan de tener un lugarcito costroso y sifilítico al que llaman Glasgow, cuando no tienen siquiera una pelela donde hacer un pis. Ahí es cuando un cana de ojos azules abre a golpes algunos cráneos (buena puntería, pibe).

FAMILIA: ROMPELO... SALPICALO... ATIZALO...

EDDY: Chupate ésa, escocés de mierda...

FAMILIA: DESTROZALO... HACELO AÑICOS...

EDDY: Qué encanto... eh, vos, ¿qué mierda te creés que hacés?... callate...

FAMILIA: ¡¡¡¡CRAAACKKK!!!!

EDDY: Las putas acuden a vaciarles las asquerosas billeteras, con el viejo truco de dejarse coger, y cuando el escocés se llena de fantasías ante la certeza de una legítima concha londinense, ¡ZAS! Un urso cretino con cara de perro reparte un poco de sentido común con una barra de hierro / así que ahí van, la chusma roñosa y miserable / ven el partido al revés, borrachos como cubas, y después entran trastabillando en la estación de Euston, guiados por un ciego sentido del instinto, o por el olor, para juntarse con sus compinches y volver todos juntos a casa. "Che, qué bien lo pasamos". Mientras tanto, voy regando el camino con mi propio vómito, mientras escapo calle abajo de los efluvios mortales que emanan de los guisos ingeridos diez días atrás y que ahora discurren alegremente por nuestras plateadas calles londinenses. Cuando vengo a dar nada más ni nada menos que con un irlandés hijo de una gran puta y su séquito de paisanos de Belfast, febrilmente entusiasmados por la idea de hacer volar cualquier cosa que camine. Orejones brutos, las manos como racimos de bananas / sus voces a lo lejos eran como una jauría de perros aullando.

FAMILIA: Odio, muerte, la bomba, qué suerte.

Odio, muerte, la bomba, qué suerte.

(*Continúan como coro, en voz baja*).

EDDY: Era todo un ejército de trajes de sarga azul y todos sin excepción de pálidos ojos azules y nitroglicerina líquida rellenando sus impermeables y pequeñas bombas camufladas en bolsas de sandwiches... en los sobacos, esconden hediondas pistolas transpiradas, listas para volarles los sesos a unos cuantos hijos de vecino y rociar de espeso líquido rubí las polvorientas calles asfaltadas / liquidar de paso alguna mina que -Dios no lo permita- podría ser quizás mi amor de turno / o arrancarle las piernas a algún pobre estúpido que diera en pasar por ahí / luego les da por reunirse a dar mal olor todos juntos en sus bares y a rugir con júbilo folklórico de duendecillos irlandeses...

MAMÁ: *(haciendo de Mujer Irlandesa)* Me tomé nada más que seis balones...

EDDY: Y peleándose por ver quién tiró la bomba...

DOREEN: *(haciendo de Mujer Irlandesa)* ¿A quién le toca ahora?...

EDDY: ¿Cuántos ingleses hiciste volar?

MAMÁ: *(haciendo de Mujer Irlandesa)* El turro de mi marido está otra vez en el bar...

EDDY: ¿Cuántos chicos se ahogaban en su propia sangre / chicos que esa misma noche venían de despedirse de sus novias tan amadas con un beso último?...

DOREEN: *(haciendo de Mujer Irlandesa)* Jesús, María y José...

EDDY: ¿Cuántas hijas inocentes han recibido una descarga de metralla en plena cara / o han perdido un ojo apenas...?

DOREEN: *(haciendo de Mujer Irlandesa)* ¡El muy turro de mi marido, hijo de una grandísima puta! / ...

EDDY: Cuántas madres riegan las tumbas de muchachos de dieciocho años / esposas y viudas que le hablan a un montoncito de tierra mientras vos, vos, envase gonorreico vestido de sarga azul, te bajás otro litro de cerveza y volvés a casa donde te espera tu fulana con seis mocosos y sin siquiera lavarte un poco te la montás restregando en sus despojos carnosos la escuálida hilacha que es tu pija mugrienta / la metés un poco nomás y acabás a los diez segundos en un chorrito de leche aguachenta / ella sigue tumbada como una vaca henchida / ni idea de lo que es un orgasmo / apenas ha leído algo sobre unas suaves explosiones en la ingle / le han llegado rumores / las únicas explosiones suaves que su irlandés está en condiciones de producir son las que te hacen gritar de agonía y de dolor anegado en sangre, y que nada tienen que ver con el éxtasis y la erupción del espíritu cuando se hace el semen. Qué obscenidad espantosa es...

DOREEN: *(haciendo de Mujer Irlandesa)* PUTA, PUTA, CARAJO Y MIERDA / EL CONCHUDO DE MI MARIDO ESTÁ TIRADO EN EL CAMINO / LAS PIERNAS DE UN LADO Y EL TORSO PARA EL OTRO. OH, DIOS, AYÚDAME...

EDDY: OH, SANTA MARGARITA-LA-RASCONA, AHORCA A ESOS CANALLAS / AHÓRCALOS LENTAMENTE Y DÉJAME AGARRAR UN PINCHO DEL SPIEDO PARA ARRANCARLES LOS OJOS / QUÉ PLACER / AL MEJOR ESTILO GRIEGO...

La horca no es solución a la peste, mi señora / se pasaría el día ahorcando / soy humano como todos nosotros / somos todos la misma cosa, unida por un raro vínculo / si le pega una patada a alguno, su grito va a herir mis oídos y lastimar mi cerebro con la imagen de un pobre imbécil en problemas / al igual que un gatito maullando en la noche te hace abandonar tu mullido agujero para preguntarte qué mierda pasa, gatín / cerveza gratis, ésa es la solución, y educación sexual impartida por sabrosas cachorras inglesas bien entrenadas en el arte de coger y lamer / y así, en los desfiles, en vez de marchar por las calles con armas de guerra y el populacho a los costados flameando banderitas / marcharían con las vergas bien alertas, erectas con orgullo y con vigor / y rápidamente serían arrestados. Pero no se puede evitar / desde chico estás metido en la violencia y papá mismo se encarga de meterte entre las excitadas orejitas que no hay que amar sino odiar todo / él te ha dado de comer la historia de su bendito pasado para que ten-

---

2 NOTA DEL TRADUCTOR: Juego de palabras: "Maggot Scratcher" por "Margareth Thatcher.

gas motivos / algo que hacer por las noches / ha tejido un tapiz de desdichas que le han sido infringidas desde esa remota zona de bruma que se llama pasado. Y qué le vas a hacer / tu cerebro agotado y embotado de cerveza barata diluida en odio... salté entre unos arbustos y vi pasar la patota en medio de una polvareda... el palacio estaba alerta... las barbillas rígidamente talladas y recién afeitadas de nuestros galantes y bravíos guardias dispuestos a defender a la reina con todos sus acólitos que representan lo mejor de esta gris monotonía / esta isla infecta...

EDDY *(Canta)*: Rule Britannia, Britannia rule the waves, *(etc.)*

(Dos tonadas en pugna por la supremacía):

FAMILIA: Odio, muerte, la bomba, qué suerte...

EDDY: Y por fin me subí a un tren / encontré uno con un vagón que no estaba del todo hecho mierda y rodé en paz hasta el aeropuerto de Skidrow[3] en lo más fiero de Londres, solo y absorto en mis asuntos, a no ser por un pakistaní en el vagón que ligaba una dosis importante de patadas, sin duda a consecuencia de algún agravio infame, como por ejemplo llamar involuntariamente la atención de algún honrado y gallardo hijo de lo peor de Londres, la pateadura prestaba un ritual rítmico a mis pensamientos, que estaban empezando a cobrar alguna forma, una forma de poderosas y magníficas decisiones que habrían de impulsarme por la senda de los ricos y los exitosos, hacia una conchita de olor muy dulce, y brazos dorados y len-

---

[3] NOTA DEL TRADUCTOR: Juego de palabras intraducible: "Skidrow" (barrio de bares baratos frecuentado por borrachos y vagabundos) en vez de "Heathrow" (nombre del aeropuerto internacional de Londres).

gua envolvente. Caí en una suerte de ensoñación...
me dormí y soñé... vi una docena de conchitas sobre
una cama, acurrucadas entre piernas suaves y jugosas,
como gatitos chupando la tetilla a su madre / sus dulces columnas de marfil que colgaban indolentes se abrían para revelar las flores de un jardín en el que uno es
el que riega, y como una abeja lujuriosa zumbé de una
a otra / sus pétalos se abrían dócilmente / lanzando al
aire su perfume / y cuando me iba volvían a cerrarse /
y así con la siguiente y todas eran sutilmente diferentes / cada una como una planta sensual y preciosa / cada
una como una boca voraz y sin dientes, hambrientas
como picos abiertos de pichones mientras yo, como si
la madre fuera, dejaba caer en sus gargantas abiertas mi
lombriz para que ellas saciaran su apetito enorme.
Entonces me desperté / y bruscamente vi el mundo tal
y como es y empecé mis aventuras, así arrojado tan
joven y tan tierno a esa pila agitada y tumultuosa que
es el mundo, y en el que yo no era más que un punto
insignificante. Llegué a Heathrow, gran puerta abierta
a lo otro.

FAMILIA: *(como un coro de sonidos de aeropuerto y ruidos
diversos)*: Todo esto me confundió / ¿qué necesidad hay
de rajarse? / ya sea yo, o vos, o él / decidí quedarme y
ver mi propia tierra amada / enmendar las desdichas
de mi país preciado / por qué escapar y rajarse como
barcos que abandonan a la rata que se ahoga / me vi a
mí mismo como el rey del mundo occidental / pero
dado que necesitaba algún refrigerio antes de enfren-
tarme a las pruebas venideras, me aventuré a entrar
en este cafecito / mirara donde mirara... era testigo de
la evidencia... de la peste británica.

ESCENA 5

La Familia *hace los ruidos de los mozos, la cocina, el menú del café y frases dichas a ritmo:*

Voz 1: Papas fritas humedecidas.
Voz 2: Tostadas con porotos.
Voz 3: Huevos grasientos,

Las frases se repiten mientras ruedan por el café.

Eddy: Un café, por favor, y medialunas con manteca.
Camarera: Muy bien. ¿Con leche?
Eddy: Sí, por favor. ¿Dónde está la manteca, para que pueda untarla abundantemente y sentir que su aceitosa suavidad va cubriendo los bordes de la medialuna?
Camarera: No hay. La peste arrecia.
Eddy: En ese caso, ¿por qué me sirvió la medialuna sabiendo que no tenía manteca?
Camarera: Si quiere alguna otra cosa...
Eddy: Sí, torta de queso. ¿Qué tal está?
Camarera: Nuestras tortas de queso se hacen con el néctar de los dioses amasadas por los hábiles dedos de cien doncellas vírgenes que han sido azotadas con juncos que crecen en las orillas del Ganges.
Eddy: Bueno. Tráigame una. *(Ella le sirve)* ...Ahora ya me terminé el café y no me queda ningún líquido para bajar la torta.
Camarera: ¿Quiere otro café?
Eddy: No es que quiera sino que debo, no se trata de querer sino de serme estrictamente necesario / tardó tanto en traerme la torta que me tuve que terminar el café, así que tráigame otro...
Camarera: Bueno.

EDDY: Pero tráigamelo antes de que me termine la torta de queso o no tendré nada que comer con la segunda taza, que a decir verdad solamente me interesa para mojar la tarta.

CAMARERA: Bueno. *(A otra camarera:)* ...así que te acabó encima del vestido...

CAMARERA 2: Sí.

CAMARERA: Qué cerdo.

CAMARERA 2: Un pegote espeso que tardó años en salir del vestido / me estaba chupando como un loco cuando entró mamá.

CAMARERA: ¡No! ¿Qué le dijo?

CAMARERA 2: No te olvides de lavarle también atrás de las orejas, ya que estás / ella siempre se olvida.

CAMARERA: Ojalá mi mamá fuera tan comprensiva / hace siglos que no chupo una buena pija, ¿y vos?

CAMARERA 2: No, la verdad es que yo tampoco, por lo menos una de ésas grandotas, duras, gordas, rosadas y calientes.

CAMARERA: ¿Cuál fue la más grande que tuviste?

CAMARERA 2: Una de veinticuatro centímetros.

CAMARERA: ¡No!

CAMARERA 2: Sí, era rugosa como un roble y con un enorme y abultado nudo en la punta.

CAMARERA: ¿Sí?

CAMARERA 2: Y cuando acabó largó un chorro como para empapelar todo el comedor.

EDDY: ¿Qué mierda pasa con mi café? Casi me estoy terminando la torta, ergo mi único propósito en la vida acabará en este preciso momento / tragaré el café sin nada que mojar.

CAMARERA: Acá tiene. Perdón. Me había olvidado.

EDDY: ¡Ya era hora, carajo!

CAMARERA: Pero por qué no cierra el culo y deja de quejarse, pedazo de mierda de rata.

EDDY: Te voy a eyacular en los ojos, si es que me dejó todavía algún lugar todo el pelotón de soldados calientes.

CAMARERA: No se te pararía aunque te plantara la concha en plena jeta, impotente, pervertido, cretinazo, maricón.

GERENTE *(Su marido):* ¿Qué pasa que andás levantando la voz, imbécil inmundo? / ¡Afuera!

EDDY: A mí no me habla así nadie.

GERENTE: Yo acabo de hacerlo.

EDDY: Te voy a borrar de la faz de la tierra.

GERENTE: Voy a cocinarte como un pastelito para servírselo de postre a los clientes.

EDDY: Te voy a descuartizar, te voy a arrancar los brazos y las piernas y se los voy a tirar a los cerdos.

GERENTE: Te voy a patear hasta matarte y voy a saltarte encima / te voy a acribillar con la cuchilla y despellejarte en vida.

(Miman la pelea.)

EDDY: Pegar   herir   crujir   sufrir   apuñalar   destripar

GERENTE: Destrozar   odiar   faenar   desgarrar   mutilar someter

EDDY: Aturdir   un vidrio   dentado   intimida.

GERENTE: Silla   rompe cabeza   rajar   puño   salpicar plof   choque

EDDY: Reventar   gritar   furia   fuerza   dominar   someter

GERENTE: Coño   mierda   basura   remordimiento   enclenque   baño de sangre

EDDY: Hemorragia, desgarro y chichón. Partir y fracturar mandíbula astillada y cuello roto.

GERENTE: Derrumbarse   costillas rotas   oh, qué agonía el afilado punzón de hielo

EDDY: Arrancón de testículos   vaciar los ojos y extirpar chasquido de tendones   uñas   trituradas

GERENTE: Morder   tragar   sorber   arrancar

EDDY: Más golpes, y con más fuerza

GERENTE: Cada vez más débil

EDDY: Cada vez más fuerte

GERENTE: Débil

EDDY: Poder

GERENTE: Moribundo

EDDY: Vencedor

GERENTE: Se acabó

EDDY: Chaucito.

CAMARERA: Lo mataste / jamás había reparado en que las palabras pueden matar.

EDDY: Y las miradas también.

CAMARERA: Lo mataste / era mi marido.

EDDY: No fue mi intención, lo juro, ni se me cruzó por la cabeza / murió del shock.

CAMARERA: Era un hombre bueno, firme en todo excepto en la verga, pero me trataba bien, y ahora estoy sola / de quién me ocuparé ahora. A quién esperaré por las noches mientras termina de limpiar nuestro café o se relaja en el sauna / para quién cocinar ahora, a quién le voy a cepillar la caspa del saco y la grasa del sombrero, las manchas de qué calzoncillos lavaré ahora / a quién reconfortaré en las largas noches / mientras se preocupa por mí / quién acostará a los niños con un azote cariñoso mientras retoza al volver a casa borracho del bar y me pega -bromeando- en la boca / a quién limpiaré el vómito de la almohada mientras me lo arroja en plena cara los viernes por la noche como corolario de su parranda. A quién plancharé ahora el uniforme negro, para tenerlo siempre listo para sus incursiones en Brixton junto a los otros nobles hijos de Inglaterra / a quién limpiaré el polvo de las fotos de sus héroes en el living de casa, Hitler, Goebbels,

Enoch, Paisley, y Thatcher, por no olvidar a nuestra
querida familia real. ¿Vale ya la pena todo esto? / Me
casé con un buen inglés / ¿dónde habré de encontrar
otro igual? Mirá lo que hiciste / y todo por una estúpida tarta de queso.

EDDY: Por mucho menos se han declarado miles de guerras, querida mía.

CAMARERA: Jamás encontraré otro como él.

EDDY: Claro que sí.

CAMARERA: ¿Dónde?

EDDY: No busquéis más lejos, señora / vuestros encantos me
han ganado / dirigid a mí vuestra mirada / a mi rostro
/ y dejad que vuestros ojos se deslicen con suavidad en
un serpenteo descendente / esto que aquí llevo no es
un salchichón / es que estoy tan alegre de verte / seguro que puedo hacer lo mismo que él / lustrame la llave
inglesa / lavame los pantalones / te puedo dar la mejor
paliza del mundo si eso es lo que se te antoja / tendrás
mi colección de orgullosas fotos para franelear / yo pre-
feriría tratarte con decencia y acariciarte el pelo por
las noches y besar tu nariz dormida / en vez de corrom-
per tu almohada esparciré violetas bajo tus pasos / te
frotaré los pies por la noche si tienes frío y cuando entre
jardines de rosas habremos de pasearnos soplaré los
pulgones de tus cabellos / vendré derecho del trabajo
a casa al caer el día y habré de reservarte todo mi semen
para flagelarte con él por las noches tan suave y tibia-
mente como un chubasco veraniego / no desperdiciaré
ni una sola de sus preciosas gotas en el sauna de Cam-
den ("rápido, amor, que hay cola") sino que verteré la
plateada carga dentro tuyo en preciados chorros / hun-
diré en ti mi cetro / tus muslos apartaré y me zambulliré
como la piedra caliente en la manteca / en un océano
de éxtasis, porque eso es lo que eres para mí / éxtasis

de carne y de sangre y de senderos aflautados, aceites de seda y aromas nunca antes destapados / te daré vuelta, de un lado para el otro / te desnudaré y me deslizaré bajo tu piel / estoy loco por vos / chiquilla lujuriosa y señora / niña y mujer en una sola fundidas / ¡te tomaré, amor mío, por lo que eres!

CAMARERA: Has aliviado mi dolor, dulce y encantador mancebo / pensé que iba a extrañarlo desesperadamente pero ahora cuando te miro apenas sí puedo recordar qué aspecto tiene. Me resultás tan familiar aunque nunca nos hayamos visto antes / es tan raro, quizás sea el sentimiento verdadero que tu amor pone en mi corazón. Como un latido familiar.

EDDY: Yo siento lo mismo por vos.

CAMARERA: Me hacés acordar a alguien o a algo.

EDDY: ¿A quién, patito?

CAMARERA: No, nada.

EDDY: Confiesa, amada, la duda que así frunce tu ceño y enclava en tu cabeza ese pensamiento tan enojoso, del mismo modo que el pedo de un irlandés queda flotando en el aire aún cuando su autor avanza con su cansino paso por la calle principal de Kilburn.

CAMARERA: No es nada más que esto, corazón / yo tenía un nene, de sólo dos añitos, dulce y de ojos azules como vos / un tesoro, hasta que un día la desgracia cayó sobre nosotros / como suele suceder / un viaje de agosto a pasar el día en Southend / un día de calor pegajoso y de algodón de azúcar y de caras sonrientes / pañuelos y tiradores / saliendo en barco del muelle de la Torre de Londres, excitación, sandwiches y litros de gaseosa efervescente.

EDDY: *(Aparte.)* Qué curioso, me encanta la gaseosa.

CAMARERA: Tres o cuatro millas después chocamos con una mina que serpenteaba tranquilamente erguida en medio del Támesis, como un sorete todopoderoso que se niega a irse por más que tires de la cadena una y mil veces, así que ésta seguía a flote, exhibiendo su mejilla llena de cicatrices por los golpes recibidos en la anchura de los furiosos mares, y por simple azar, como si los hados hubieran decretado el encuentro, nos lanzó volando a la luna / al menos abrió un agujero tan grande que de pronto el Támesis se convirtió en una playa veraniega en un día tórrido, con cabezas flotando por doquier, mi Frank pudo volver a nado y yo me agarré a un tronco pero el pequeño Tony, así era su precioso nombre, jamás salió a flote... espero que su final haya sido rápido.

EDDY: ¿No es dable pensar que algún pescador lo hubiera sacado de ese hervidero?

CAMARERA: Ni una palabra, ni una señal, ni siquiera su pequeño cadáver apareció / yo pasé allí toda la noche, y cuando amaneció vi su osito de peluche empapado en petróleo, como si las entrañas del río lo hubieran expulsado. Yacía entre condones en la orilla mugrienta y llena de basura. Me lo llevé a casa y lo lavé.

EDDY: Qué historia tan triste / lo siento mucho por vos, querida, al saber que el infortunio se ha ensañado con quien era tan joven y bueno / dejando a otros más merecedores del azote del destino libres para cometer los crímenes más impunes.

CAMARERA: El destino nunca se da donde debería, sino que parece elegirnos al azar como sacados de un sombrero / igual que un bingo, si te toca el número, te jodiste.

EDDY: Ese osito que mencionaste, mi amor... ¿me dejás ver esa reliquia tan preciada?

CAMARERA: ¿En serio querés verlo?

EDDY: Sí, vamos a echarle un vistazo.

(Ella sale y entra con el osito).

Es extraño pero a veces he soñado con un osito como
éste / nunca tuve uno, y sin embargo me parecía extrañar esa cosucha peluda y mimosa, como si mi cuerpo
conociera esa sensación pero no mi cabeza / desde
entonces siempre me han gustado las cositas peludas.
Vení, amorcito, ya has tenido tu cuota de sufrimiento
y yo también, y si bien el destino reparte mierda, también reparte oro, y encontrarte ha sido como dar con
el filón con el que jamás haya soñado, así que esta vez
el destino ha sido amable / creo que nos estábamos
predestinados, ¿no te parece?

CAMARERA: Sí, precioso, y por una vez bendigo a los astros
que en esta ocasión me dan un hombre como éste / tenés
los mismos ojos que mi Tony, verde y jade como el mar.

EDDY: Tus ojos son como la luz del sol en el mar, chispeando
contra las rocas más profundas / tan azules y dorados.

CAMARERA: Tu cara es como la de todos los griegos / tallada en mármoles antiguos.

EDDY: Tu cuerpo es mullido como el de los cachorros, fuerte como el de las panteras.

CAMARERA: Vamos a la cama, cariño.

EDDY: OK.

PAPÁ: ¿Te parece que podría suceder
         que la maldición cayera, certera como tenaza
         que Ed mate a su propio padre,
         para entrar como una fiera en la bombacha de su
         madre? Tuve que echarlo de casa.

MAMÁ: Eso es algo que nunca sabremos, querido,
         hasta el día en que de pronto veas
         a un Eddy muy distinto del que nos es familiar.

PAPÁ: Tenés razón, toda la razón… oh, Dinah
         ¿qué fue lo que hemos hecho / qué maldición tan
         nefasta
         como un techo derrumbado nuestras cabezas aplasta?

MAMÁ: Quién sabe, querido, qué malignas mentiras aco-
piamos
de las que no somos conscientes, habremos tal vez
provocado
el pesar en algún lado, quizás causamos heridas,
heridas que no cerramos.
PAPÁ: No he hecho el mal en mi vida
siempre he sido honesto y recto
me cago en ese adivino
y su chiste cruel e infecto.
MAMÁ: Es curioso que dos veces hayamos debido escu-
charlo
curioso que por vez segunda
otra cara años más tarde
tenga que haber pronunciado advertencia tan
inmunda.
PAPÁ: Quizás tendríamos que habérselo dicho, Dinah,
quizás deberíamos decírselo antes que Eddy se
pierda
tendría que saber la verdad / o todo se irá a la...
MAMÁ: Mierda, querés decir, no me hagas reír, ¿querés?
Ahora ya está, eso es cosa del pasado
es tarde para deshacer todo eso con palabras
el destino te hace actuar el rol que te han asignado.

SEGUNDO ACTO

ESCENA 1

EDDY: Ahora pasaron diez años, diez años que desparramaron sus hojas sobre nosotros / que nos bañaron de sol y de lluvia / que tensaron mis tendones para salir a combatir al mundo. Mejoré la fortuna de nuestro cafecito merced a grandísimos esfuerzos, ayudado por supuesto por mi dulce compañera / me deshice de la pereza y de las hazañas de otrora / que alguna vez me hubieron parecido normales / forjé para la ciudad una era dorada / los inservibles se extinguieron así como así al enfrentarse con auténtico jugo de octano de alta potencia / los tahúres que todo el tiempo te hacían comer gato en vez de liebre y te aguaban la sopa hasta el límite en que empieza a desaparecer la convicción de que hay pescado en ella / se fundieron, y la gente famélica del genuino alimento para el cerebro y las tripas, simplemente invadió nuestro café / los turros bola de grasa que veías sentados sobre la pila de sus gastos del mes y sus hemorroides / llevaban demasiado tiempo desafiando las exigencias del hambre que nos carcomía a todos / un apetito de comida y bebida de verdad / sustancia real para el espíritu / y no esos niños prodigios podridos y blanduchos que inundaban el país / pavoneándose y pedorreando expresivas anécdotas en cenas tediosas organizadas con las ganancias de la estafa y de la usura / creían ser la flor y no la nata, puaj, que es lo que eran / les dimos para que tengan / murieron tratando de estar a nuestra altura / se esfumaron en masa.

ESPOSA: Diez años han pasado volando mientras el Carro de Apolo se complacía en iluminar nuestros estíos con largos pasos de fuego, para derretir nuestras escarchas y besar nuestras mejillas / el dios del hielo, con su anciana barba, ha abrazado nuestra tierra durante diez inviernos en sus adamantinas tenazas de frío / y en primavera ha sido desplazado a su vez por los ágiles pies de Ceres, Plutón y Dionisio, que lo echaron a patadas / y en abril los arroyos fulguran susurrando entre rocas y cañaverales, felices por fin de correr libres / por diez años ha hecho sonar tan espléndida sinfonía de vida su melodía variopinta / ora triste, ora exaltada / derramando la savia de la vida en la amapola fogosa y en el narciso, para luego devolverlos a su sueño de otoño / mientras que nosotros, mi hombre -quiero decir- y yo, celebrábamos nuestro ritual privado en noches de desmayo, unas tres mil trescientas sesenta y cinco veces.

EDDY: Mientras tanto yo iba con cada día y cada año anotando otro poroto en este mundo nuestro / abriéndome paso a empujones / cortando uno o dos cogotes, metafóricamente hablando, por supuesto, y demostrando hasta qué punto lo que este mundo anhela es el poder, la clase y la forma, con un toque de talento de vez en cuando. Curamos la peste aportando inspiración a nuestros platos / nos hicimos ricos dando más y cobrando menos / con nosotros el viejo truco de las porciones controladas utilizado por los ladrones rechonchos pasó a mejor vida / volvimos a meter carne en las salchichas / ahora el mundo volverá a gozar de exquisito sabor / no más aserrín y colorantes permitidos y mierda de gato que mejor serviría para tapar paredes que para forrar el estómago / tan insalubre que las naciones allende los mares los prohibieron en sus hermosos comercios y almacenes por miedo a que su fornida juventud cayera en el trance letárgico tan típicamente británico, tan asiduamente visto en el metro en Oxford Street, o en la línea de Piccadilly a las ocho de la mañana / un país semidormido y drogado con tanta cosa fétida y bestial saliendo de los paquetes / confeccionados por comerciantes que han transado con los rojos en un plan macabro para debilitar nuestras defensas / darle de comer a todo un país mierda y bosta de madre y después verlos desplomarse en montoncitos sobre la vereda / y así los astutos comunistas pueden soplarlos para hacerlos caer como si fueran bolos / pero ahora en nuestra gran cadena de restoranes le damos energía a la gente, les damos alimento para el espíritu y los colmamos de intensos torbellinos de sabor a proteína / sandwiches del tamaño de un puño pletóricos de jugosos trozos sonrientes / el país todo guiña un ojo y se vuelve trastabillando al trabajo / no demasiado rápido / se necesita un tiempito para volver a utilizar esos músculos que han pasado tanto hambre / flojos y rengueantes de no hacer más que sostener la página del diario con los resultados de las carreras / y los ojos abatidos de pasarse las semanas mirando los números en la quiniela / haremos que puedan volver a trabajar, sin miedo, aunque puedan morir del shock en el camino / los arrancaremos de los bares, sus dedos aún agarrados a la barra que tan bien conocen, como los bebés que no quieren soltar la teta de la madre / somos nosotros quienes debemos hacerlo / limpiar el mundo de bastardos hijos de puta aferrados a sus oscuros mandatos, cerrándole el paso al talento al obstruir los accesos con sus carcazas hinchadas y su fofa mediocridad / vamos a hacerlos volar por los altos cielos, o veamos simplemente cómo se consumen mientras los millones vienen a nosotros.

(El Coro canta el himno anglicano "Jerusalem".)

La Esfinge.

ESPOSA: La peste aún no ha terminado del todo. Sigue habiendo una plaga en la ciudad, cariño, que se niega a desaparecer, causada, según dicen algunos, por un acto espantoso que no ha sido purificado, y que sigue pudriendo el saludable cuerpo de nuestro estado / la gente cae como moscas / asesinos armados disparan desde los ojos reventados de los edificios y la muerte acecha en el aliento traicionero y fétido de los amigos, cuyos ojos están borrachos de envidia y de codicia sólo de ver tus éxitos / la gente te da la mano con un apretón blando por miedo a contagiarse. La enfermedad de la inercia, y el "lo hago o no lo hago", el país está anegado en químicos que licúan el cerebro hasta el aburrimiento, hasta hacer más aburrido el aburrimiento de toquetear unas caderas ya aburridas por la costumbre desde hace tiempo y los amantes tienen miedo de acariciarse la entrepierna, no sea que las nuevas leyes de prevención de la peste lo prohíban. Los negocios de masturbación inundan las calles comerciales, y un buen taladro neumático en una fuerte mano derecha le puede asegurar a cualquier chica un buen pasar, el país navega en el semen que lejos de batirse y endulzar los vientres de las amantes se pierde en un Kleenex y muere en cabinas privadas de luces rojas. Mientras tanto, hombres con barbijos blancos penetran el crisol sagrado donde podría haberse deslizado una gota de vida, y munidos de escalpelos y bombas de succión desgarran el fruto vivo y arrojan al río de las alcantarillas a los futuros Einsteins, Miguel Ángeles, y a los futuros Eddys. La sangre y el plasma de la creación son barridos y arrastrados con jadeos que repiten "no lo hagas" y que salen de los tiernos envases aún insatisfechos.

EDDY: Así es como actúa la peste, en esta ciudad hay algo podrido que se niega a morir / he leído que una esfinge se ha instalado fuera de los muros de la ciudad atormentando a todo el que pasa, dicen, y matando a los que no sepan resolver su extraño acertijo / sin duda contribuye a desparramar el cáncer y la podredumbre, y aun así nadie puede destruirla.

ESPOSA: Yo también oí eso, y además que puede disolverse en el aire a voluntad.

EDDY: Voy a ir a arreglar este asunto.

ESPOSA: Tené cuidado, amor / sos todo lo que tengo.

EDDY: No te inquietes, si he llegado hasta acá, si he sobrevivido a lo peor que el destino era capaz de escupirme, también voy a salir de esto / no me esperes levantada a lo mejor llegue tarde pero si no he vuelto al amanecer te veré en el cielo, y si no nos encontraremos en el infierno.

ESCENA 2

La Esfinge, *fuera de las murallas de la ciudad.*

ESFINGE: ¿Y tú quién eres, enano / migaja ínfima de guasca / gota que ha chorreado sin querer de alguna verga / error en el medio de la noche? / has venido a resolver mi enigma / el enigma de la esfinge / mejor que desaparezcas como un pedo, gusano, antes de que te arranque la cabeza / te extirpe los ojos y te rostice la lengua / tú, nada, tú, hombre / tú, insulto de la naturaleza, vete antes de que pierda la paciencia.

EDDY: No te tengo miedo... vieja arpía / no asustás a Eddy porque Eddy no se asusta tan fácil / he dado una paliza a mejores que tú en los burdeles de Singapur / podrás asustar a los débiles pero a mí no / si sólo existís para matar a los hombres / enfermedad detestable / porque no podés amar / sin amor sólo te queda aterrar a los hombres / nadie podría amarte / quién se atrevería a besar esa boca tuya si tu aliento hiede como un prostíbulo de Hong Kong cuando desembarca la flota.

ESFINGE: Me haces reír, necio / deberías saber de los burdeles, que existen para recoger tus últimos jirones borrosos / es necesario exterminar a los hombres antes de que exterminen al mundo / piojo, tú contaminas la tierra / cada paso tuyo pudre lo que hay debajo / transformas los mares en lagos muertos y los cultivos mueren por la peste que es el hombre / vosotros sois la peste / dónde es que miras cuando deberías estar mirando la imagen fantasmal en el espejo / la peste está adentro tuyo. Fabricas armas para que te den la fuerza de la que careces / esclavizas azotas pegas y tiranizas empleas tus fusiles, cadenas, bombas, aviones, napalm, estás tan solo y eres tan patético, el amor que de ti venga significa esclavitud, dar significa sacar, amar equivale a coger, ayudar es explotar, necesitan madres, hijos de puta, amar es esclavizar a una mujer para convertirla en una vaca preñada que produzca carne de cañón para seguir matando / jamás lograrás frenar tu peste / eres patético, inacabado, no como yo, nunca como nosotras, una mujer, una esfinge. Todas las mujeres son esfinges. He tomado el poder por todas ellas, yo soy el poder / podría fácilmente comerte crudo y escupirte en burbujas / suelo devorar cosos como tú... oh, que me envíen hombres fuertes, larva raquítica / miren lo que me mandan / héroes de pacotilla / cinéfilos de plástico / idólatras de películas del oeste / un héroe punk / un fláccido / cerdo machista / violador, mugre y mierda / oh, error de la naturaleza en la espectral alborada de los tiempos / cuando las mujeres éramos mujeres, andróginas e íntegras, y podíamos reproducirnos solas, pero en algún lugar y en algún momento un reptil abandonó nuestro cuerpo, se alejó reptando y se hizo hombre, pero se robó nuestra bolsita de semillas y desde entonces la pequeña viborita ha estado tratando de penetrar de vuelta, pero ya no la queremos, lo único que necesitamos es su mugriento semen, mosquito... algo que a ustedes les lleva sólo treinta segundos de vida y a nosotras nueve meses en los cuales engendramos construimos alimentamos protegemos, nos hinchamos y después amamantamos y lo damos todo. Mientras que ustedes escarban la tierra en busca de tesoros, y se dedican a sus estúpidos juegos de hombres, mejor es que te vayas bípedo costroso / no sos más que una verga seguida de una pila de bosta, me das pena / la verdad es que me das pena / ya me he tragado mi ración de hombres esta semana /

así que vete / a cagar / leche putrefacta, roña, mierda / que te vayas, antes de que te descuartice / vete a armar tus conspiraciones y tus planes, a herir, a explotar y violar, oprimir y lastimar, invéntate un par de leyes infames, pedazo de carne encogida, miserable pene indigno de confianza. Ni siquiera tienes nuestra capacidad de pasión... yo puedo acabar diez veces por cada una tuya / ¿quieres probar, grandulón? Usted salió de mi costilla, señor / ¿yo de la suya? ¡por favor! / la mujer fue Adán / ella fue la tierra, la mujer es la marea / la mujer participa del movimiento del universo / nuestros cuerpos obedecen a las fases de la luna... nuestros pechos se hinchan y se elevan y nuestra sangre rica brota para decirnos que somos parte del movimiento de la naturaleza / ¿ustedes qué signos tienen? / ¿Cómo son capaces de darse cuenta de que están vivos? / ¿Acaso sangran / o se sienten patadas en el vientre? / ¿Existe alguna boca que haga salir leche de sus pechos suaves? / ¿Pueden predecir el futuro? / ¿Pueden hacer algo? ¿Qué signos tienen? / una cita con la muerte / la hora del ataque / incapaces de crear tienen que destruir / yo soy la tierra / soy el movimiento del universo / soy líquido, fuego y todos los elementos / mi voz puede subir octavas y comunicarse con los espíritus de los muertos / mi piel es suave y aterciopelada y deliciosa para los que tienen un rostro áspero y cuerpos duros y musculosos para trabajar, y afanarse en la faz de la tierra por nosotras / el bien de la vida / la mujer / nosotras / el sexo / la esfinge, la vagina grande y majestuosa, la gran boca de la vida / el sueño de los hombres en la dolorosa noche solitaria / la dicha eterna por la que los hombres mueren y envidian y emulan / por la que languidecen y sufren y enloquecen / así que vete, eres pequeño, insignificante, rajá, gusano, o te partiré los dientes y te arrancaré los dedos / vete a sacudirla por ahí, o métete una bomba por el culo, maldito pedazo de mierda repugnante, bastardo, asesino… rajá, me das ganas de vomitar.

EDDY: Sin mí no valés nada / sin mí ni siquiera existirías / sin mí no sos más que un agujero vacío en aullidos.

ESFINGE: ¿Cómo? Te crees que te necesito. Puedo necesitar leche, pero de ahí a encamarme con la vaca… Te cultivaré y te fertilizaré y te mantendré en corralitos donde no puedas hacer daño / ahora, tomátelas, pibe, me estoy poniendo nerviosa, agradecé que por alguna razón muestre algo de compasión por tus patéticos intentos de heroísmo.

EDDY: Quiero resolver tu acertijo.

ESFINGE: Entonces te conviene saber que aquéllos que no pueden resolverlo mueren, así que si no lo resolvés te voy a matar, te voy a arrancar la verga de un único mordiscón antes de comerte vivo.

EDDY: Será un gusto / y si acierto / ¿qué gano?

ESFINGE: Puedes matarme.

EDDY: Entonces te cortaré la cabeza. Las mujeres hablan demasiado.

ESFINGE: Me parece bien. Sos un pedito muy valiente. Ahí va: ¿qué es lo que camina en cuatro patas por la mañana, dos patas por la tarde y tres patas por la noche?

EDDY: ¡El hombre! En la mañana de su vida anda en cuatro patas, en la tarde mientras es joven camina sobre sus dos piernas, y de noche, cuando está erecto para sus mujeres esgrime su tercera pierna.

ESFINGE: Cretino, hiciste trampa para encontrar la solución.

EDDY: No, es sólo sentido común. Bueno, lamento tener que hacer esto, ya me estaba encariñando.

ESFINGE: Ya me importa un bledo / a decir verdad ya estaba medio podrida de andar asustando a todo el mundo y ser una esfinge / OK, cortála, nomás, y acabemos con esto.

(Él le corta la cabeza.)

ESCENA 3

EDDY: Ésa sí que podía hacer que no quisieras volver a ver una mujer en la vida / pero no funcionó conmigo / amo a una mujer / la amo / simplemente la amo y la amo y la amo / e incluso a ésa / podría haberla amado / amo todo lo que ellas tienen / amo todas sus partes / amo cada parte que se mueve / amo su pelo y su cuello / amo cómo atraviesan la cocina para poner la pava en el fuego / esa manera perezosa y familiar / las amo cuando abren los ojos por la mañana / amo su piel suave de bebé / amo sus voces / amo sus manos más pequeñas que las mías / amo acostarme sobre ellas y que se acuesten sobre mí / amo sus dulces senos / amo sus pestañas y sus narices / sus dientes y sus hombros / y sus risitas / y sus pasiones desaforadas y sus secreciones y su aliento contra el mío por las noches / y sus ronquidos / y sus piernas cruzadas sobre las mías y sus pies a la mañana y amo sus vientres y sus muslos y la manera en que cada parte suya encaja en la mía / y amo la manera en que mi parte encaja en ellas / y amo sus cavidades y articulaciones y rulemanes / y amo la estructura ósea de su cadera y esas partes húmedas de amor que me requieren a gritos / amo sus estaciones y amo cómo duerme cómo camina cómo habla cómo susurra cómo ama cómo canta y amo su espalda y su cola cuando anida en mi cuerpo, que se vuelve sillón / y la amo por haberme tomado / y por darme un hogar para mis agonías marchitas / mis deseos / mi amor / mis sueños / mi dulzura / mi dulce / mi paz de espíritu / y amo derramar en ella todo mi amor con los ojos bien abiertos y amo nuestra fatiga y amo sus rodillas y sus omóplatos y sus granitos y amo que me espere y amo que me consuele cuando le cuento mis batallas mundanas de todos los días - ¡y la amo la amo la amo y!

(Entra la Esposa.*)*

ESPOSA: Bien hecho mi amor, ahora todo irá bien / mi héroe... claro que sí / mi valeroso y radiante caballero / mi león, ¡sí! Y yo soy tu compañera / mi león valiente y dulce / y ahora para festejar vamos a invitar a cenar a tu querido viejo y tu señora mamá, y reconciliemos los cuentos de hadas y los infortunios del pasado y seamos todos felices hasta el hartazgo en hermosa dicha familiar.

EDDY: No me queda más que reírme cuando pienso en mis absurdos papis / encerrados en su paraíso amuchado / y con cuarenta libras por semana, tomándose el 38 de Putney a Walthan Cross, y haciéndose moler a golpes todos los sábados por la noche.

ESPOSA: Deciles que se vengan, Ed, para que aunque sea una vez veamos todos juntos nuestro televisor color, o usemos el minicomponente, o veamos los videos caseros que filmamos en la hermosa Ibiza y en Tebas, vos tirándote al mar azul cobalto brilloso, con tu sonrisa haciendo brillar al sol refulgente tus dientes recién enfundados, invitalos a gozar de nuestros mullidos sillones de cuero / vinos suculentos / mostrales nuestra video, que graba los programas que tanto te gusta ver cuando llegás tan tarde después de trabajar en tus chanchullos altruistas, y te sentás con el perro a tus pies y las alpargatas de entrecasa... que disfruten del confort de nuestro baño con calefacción central... nunca más el culo frío sobre una tapa de plástico, por el contrario, asientos forrados en lana y cañerías hirvientes y vaporosas, escaleras con moqueta espesa, tan suave que cada pisada es como una pradera exuberante. ¿Te parece que no les gustaría ver el sommier, o quizás nuestro colchón de agua, que suele sacudir nuestras pelvis, dulcemente ligadas la una con la otra? O la ducha fina como agujas, mostrale a tu mamá las delicias de una cocina con triturado instantáneo de basura, basta de lavar los platos, el tiempo se ha hecho para disfrutar de nuestra súper tarta de manzana.

EDDY: Voy a mandar al chofer a buscarlos / eso si es que mi papá ya se deshizo de ese añoso mito de siempre que solía comerle el coco como una liendre, hablándole de parricidio y de horrendo incesto / o algo que podría subtitularse como la historia de un cretino que se coge a su madre / un cuento de terror para mandar a los chicos totalmente locos a la cama y que se pasen la noche temblequeando en la oscuridad y las sombras, y que años después se patinen toda la guita en el consultorio de un analista en Harley Street.

ESPOSA: Cuando me contaste esa historia, Ed / no me entraba en la cabeza que un par de adultos pudiera armar tanto alboroto por culpa de unos gitanos grasientos de feria / y expulsarte así, a patadas, tan joven y rosadito, a este hervidero que es el mundo cuando aún eras una criatura / a lo mejor fue una treta para echarte del nido.

EDDY: Quién puede saber lo que se cocina en las cabecitas traicioneras de repugnantes papis y mamis, esos cerebros atestados de basura televisiva, de prode y de horóscopos a medida / capaces de creer en cualquier cosa que leen y que salga de los culos efusivos de los cretinos que redactan los titulares / pero qué importa, si eso me condujo joven y vivaz hasta el trampolín y aprendí a zambullirme en un diestro clavado en la turbulenta marea de la vida.

ESPOSA: Sos un tipo duro, eso es lo que sos, mi amor / sos un sobreviviente en la masa comilona de dientes y cuchillos y ojos desorbitados ansiosos de arrancarte su tajada de carne / lo lograste, y a pesar de todo seguís siendo un bombón / aún esbelto y con un bronceado espléndido / el éxito no te ha puesto barrigón, ni ha hecho que se te ablanden las nalgas ni te ha quemado una úlcera en las tripas / ni ha hecho de tu boca un cenicero apestoso del que cuelga un eterno cigarro, como un sorete que no puede ser expelido y que pende agónico hasta el fin / tu aliento dulce y meloso / tu lengua no se ha ensuciado con el sarro de esos banquetes pantagruélicos para los que se dan cita los artistas de la estafa que ostentan anillos de bijouterie y esposas densas como bosta de cerdo / que se la pasan sentadas en su casa masturbándose o jugando a la canasta con otras viejas subnormales cuyo único ejercicio consiste en levantar el brazo para chillar "taxi" en las puertas de Harrods / sos dulce, y tu cuerpo es como un río que fluye y fluye y fluye dentro de mí / se mueve como un río que fluye... tus músculos serpenteantes me conducen río abajo, por tu suave y duro río que fluye / cuando estoy en tus brazos me siento arrastrar por esa corriente infinita y entonces llego al mar, y el mar me levanta, y una ola me envuelve, me revuelco en tu ola y después soy depositada una vez más para ser recogida en el momento que tu ola volcánica vuelve a recolectarme como un pedazo de océano, cuando las dulces punzadas de tu deseo se clavan en su bocado, ahí soy barrida hacia lo alto, recogida, succionada y revuelta en medio de un río enfurecido y tormentoso... Me encanta tu cuerpo, me encantan tus dedos de un lado para otro y tocándome y apretándome y encontrando y buscando y retorciendo y recogiéndome para tus dulces accesos de lujuria... y entonces, y entonces, y entonces... tu cuerpo es como un árbol... como ramas que se contorsionan y se quiebran... como una ola como un viento como un animal como un león... dulces y feroces los accesos de lujuria van creciendo, mi amor... crecen para que pueda fluir tu dulce semen... crecen y el aliento del león es tórrido y el abrazo que me atrapa es cada vez más firme y más feroz y entonces y entonces sé que estás temblando, sacudiéndote, estremeciéndote... oh, el río fluye, oh... fluye, oh, me inunda... mientras vibras tu temblor se inyecta en mí... oh, estoy fluyendo con el río en ese flujo húmedo y cálido y suculento... me convertís en flujo y me inundás... y el temblor y el estremecimiento y el sacudón y la vibración, muy, muy suavemente... suavemente acaba mientras pasa lentamente la tormenta... se apaga... despacio... tronando en la distancia... despacio se hace menos ígneo el aliento, más suave y más sedoso y el sudor en tu espalda y sedoso en tus muslos y tibio entre nuestros muslos... oh / mi vida mi amor / oh amor, tesoro / oh dulzura, caramelo / oh el cielo, el ángel mío / oh amado esposo mío.

EDDY: Más despacio, esposa querida / qué ruido es ése / deben ser los desgraciados de mis papis / que interrumpen el encantador flujo del perlado verbo de tu boca, tan rico y abundante que hace correr mi sangre a la entrepierna para poder fabricar húmedas mareas de amor.

ESCENA 4

(Entran Mamá y Papá.)

PAPÁ: Pero mirá vos qué bien le fue / la verdad que te fue muy bien, hijo / estoy orgulloso. Se ve que saliste a mí, por la calidad y la clase.

MAMÁ: Más salió a mí, a su mamita querida, y no a este pedo mojado que se hace llamar papá.

PAPÁ: No hables así delante de la esposa de Eddy, masa informe de tetas caídas, culo flojo, bruja delirante, raquítica y recalcitrada.

MAMÁ: No me vengas a hablarme del cuerpo / los años han marchitado mi delicada belleza pero a vos van a tener que cremarte porque tu carne envenenada va a contaminar la tierra y va a malograr las cosechas a escala global / sos la muerte caminando en dos patas atestadas de várices y un suspensor para la hernia.

PAPÁ: Ay, chiquita, me faltan palabras para vos... desde que te violó esa pandilla de negros borrachos... eran una docena, si no conté mal, y esas tronchas engrosadas soltaron sus doradas ráfagas de espuma en la noche densa y sulfurosa, desde ese mal trago no volviste a andar bien de la cabeza... Ya sé que esa noche fue para vos dos veces oscura y aterradora, y sospecho que pueda ser la causa de esa lengua indecente y maldita que como una víbora venenosa anida bajo una piedra húmeda y sucia que se va pudriendo.

EDDY: Hola pa, hola ma, qué lindo volver a verlos.

MAMÁ: Ay, Ed, esto es precioso, y ésta es tu encantadora esposa / oh, qué hermosa, oh, es linda.

ESPOSA: Bueno, gracias, usted también me parece encantadora.

MAMÁ: Oh, gracias. Qué amable, buenos días, no hay de qué.

ESPOSA: Por favor, pónganse cómodos, considérense en casa, me alegro tanto de conocerlos. ¿Cómo fue el viaje? ¿Cómo anda todo en casa? ¿No les parece que refrescó un poco? Ya se nos viene encima el invierno. Qué jóvenes que se ven. Se los ve muy bien. Están más flacos. ¿A dónde piensan ir de vacaciones? ¿Usted usa Fablon en la cocina?

MAMÁ: Tiene una casa preciosa, de verdad, preciosa, preciosísima. Hay gente con suerte, hay gente que sí la pasa bien. Algunas madres también. Bueno, quiero decir eso se nota, en serio se nota. Del aburrimiento surgen los pensamientos más enfermizos. Es un buen tipo, de verdad, por dentro... cuando lo llegás a conocer, es un encanto, ¿estuvieron afuera este año? No hay peor ciego que el que no quiere ver, querida.

EDDY: Y bien, qué dicen de nuevo, viejos / sangre de mi sangre / de tal palo tal / fruto de tu / che, cómo anda el viejo barrio / en el que una vez la más grosera de las violencias acechaba en las calles mugrientas, en esa época en la que las patotas asquerosas estaban al pedo en las esquinas de los bares viejos como moscas en la carroña / ¿todavía se puede caminar de noche por la calle? ¿O se cagan los fideos en los pantalones cada vez que ven una sombra, no vaya a ser que se trate de un chorro escocés dispuesto a forrarse con la guita que el otro ganó rompiéndose el orto?... por estos lares sí que hay paz. Por qué no se las toman de una vez de ese departamento donde las meadas de los mocosos infectan el ascensor que habrá de llevarlos hasta el palomar en el piso veinticinco, y se viene a vivir con nosotros, o es que todavía tienen miedo de esa vieja maldición / esa sarta de disparates gitanos, que con tanta avidez se tragaron / aunque secretamente se me hace que les sirvió de excusa para rajarme del seno materno y ahorrarse unas monedas / siempre decían que terminaría echándolos de casa / por aquí incluso los caniches cagan prolijamente soretitos redondos que se apilan con discreción. Y las chicas con cama pasean chiquilines por los parques verdes y floridos / por estos lares no pasa gritando la camioneta del heladero / todo está tranquilo / sólo el siseo sobre los céspedes color esmeralda, más corto y pulcro que las cabezas afeitadas de los astronautas / y en la paz de la tarde el tonto charloteo de las congestionadas cuerdas vocales de nuestros acomodados vecinos brota de los jardines mientras se bajan por el garguero, en las noches de verano, media docena de gin-tonics. Simpáticamente exhaustos después de haber pasado todo el día robando deshonestamente en el centro. Así que vengan y quédense. Serán muy bienvenidos, y no se olviden de traer al gato, siempre habrá lugar aquí para el minino.

PAPÁ: No, hijo, aunque mil veces gracias. Sos muy bueno con nosotros... qué atento / bendito seas, no hay de qué, buenos días, pero estamos acostumbrados a lo que hay, no se le puede enseñar una gracia nueva a un perro viejo, un poco cascado pero uno es tan viejo como uno se sienta, y yo me siento como un viejo pedo gastado... conocemos las caras familiares / nuestros vecinos de mierda / o el tipo que cobra las cuotas de la heladera y el televisor todas las semanas / las frecuentes comidas a domicilio ahora que estamos viejos, todas las trampas familiares que nos tienen agarrados / ahora que el estado ha exprimido hasta la última gota de nuestra vida laboral activa se nos da una pensión y algo de seguridad a cambio de una firmita / ahora que mi jefe, dios lo bendiga, descansa en su butaca gordo y pringoso / no es que me importe, se lo ganó merced al curro y la astucia / bendita sea su suerte / me dio cincuenta libras cuando me jubilé, qué generoso, y un reloj con quince piedritas / qué orgulloso me lo puse / y qué importa si tengo amianto en los pulmones / qué importa si tengo carbonilla en la sangre / qué importa si el plomo me envenenó el cerebro / qué importa si las máquinas han acabado con mis nervios / qué importa haber perdido dos dedos en la prensa / qué importa si me estoy quedando sordo por las sierras de acero / qué importa si perdí un pulmón en Dunkirk por nuestro viejo rey / lo volvería a hacer / te aseguro que volvería a hacerlo / qué importa si nuestro querido estado no me dio un carajo por ello / qué importa que se anden paseando en sus Rolls Royce / y que sus niños regordetes salgan brincando en sus patitas de chanchitos / qué importa que roben y asesinen y con total impunidad / qué importa si nuestra querida familia real no paga impuestos / son nuestros mascarones de proa, compañero / qué importa si me muero de hambre esperando el cheque que a veces te olvidás de mandarnos cuando estás demasiado ocupado dando festicholas, que te olvidás de tus ancianos mami y papi... ¡hijo!

MAMÁ: No le hagas caso, Ed, está un poco chiflado desde que lo jubilaron / anda siempre deprimido y refunfuñando. Cuando te quejes, acordáte de los que están peor que vos / por ejemplo, esas madres cuyos dulces frutos de su vientre santo / ese montoncito tibio y precioso, lleno de risa y de alegría / les ha sido robado por algún maniático sexual. Merodean la ciudad... hay tantos por ahí / hoy en día no se puede agarrar el diario sacamocos sin toparse entre tantas tetas y resultados de las carreras con las fotos de gente carbonizada y quemada y con los miembros rotos... la mirada fija de algunos niños / a uno lo quemaron con colillas

de cigarrillos / a otros los molieron a golpes hasta dejar-
los azules / gritos por las noches / vecinos demasiado
asustados o pegados a las series de la tele como para oír
los gritos entumecidos que acuchillan las paredes como
manos extendidas pidiendo ayuda / y hay más, bebés
con los labios partidos, sus costillitas destrozadas por
sus papás contagiados de la peste británica que les
suelda el cerebro y pone vitriolo en sus corazones /
chicos encadenados horas y horas a sus camas y otros
gatean entre pis y caca… y mamá va y les da su paliza
y papá los surte del derecho y del revés… una criatura
con los pezones casi calcinados… por no hablar de
ese papá que agarró a su pequeño inocente y le dio la
cabeza contra la pared hasta hacerle saltar los sesos…
¿qué sueños habrá tenido ese chico mientras sus grises
pensamientos resbalaban sobre el empapelado?… después aparece el juez y dice… "bueno, ya se puede ir,
en el fondo es una buena persona"… y ahí va él a festejar en el bar más decadente con su mujer… y arriba
y abajo y a lo largo y a lo ancho se preparan los cin-
tos, y a bebés y niños y muchachos se los endereza, a
latigazos, se los azota para que obedezcan, el país está
lleno de pervertidos, me parece a mí / la peste sigue
floreciendo, nene.

EDDY: ¿La peste, mamá, / aún sigue ahí? Nunca me hiciste
nada parecido / no hacías más que darme buñuelos y
mermelada / pañales de tierno amor y caprichitos y
juegos y cuentos que me leías. Y guerras de almoha-
das y un paseo en la espalda de papá y jugábamos a la
escondida en el jardín, y yo andaba en mi triciclo. Me
dabas diez tostadas todas las mañanas y leche choco-
latada después del colegio… estaba lustroso, y como
esos chicos que tienen un largo camino por delante,
avanzaba por un sendero llamado felicidad con la boca

manchada de mermelada y los dedos pegajosos de facturas con dulce / un papá que me llevaba en el caño de la bicicleta y que jamás amagó siquiera a darme una cachetada, ni abrió sus ojos de odio en pos de vengar ninguna oscura inclinación coloreándome la cara de verde botella o de azul amoratado. ¡No! Corríamos carreras en la pileta municipal. A ver quién resistía más bajo el agua. Y me llevaba al cine todas las semanas a ver los dibujos animados.

PAPÁ: Se te quería, hijo / quisimos darte amor / te amábamos, hijo. Esas cosas... las manos abiertas agarrándote por los hombros y un apretón al final... palmaditas en la cabeza y revolverte el pelo con la mano, el puño cerrado acariciándote apenas el mentón... o alentarte cuando no podías hacer alguna cosa porque eras bastante bruto... No quería que nos odiaras.

EDDY: ¿Odiarlos? Jamás usé esa palabra, nunca me faltó mi platita cada semana ni el cine todos los sábados. ¿Qué querés decir? ¿Que me amaban porque tenían miedo de que los odiara? ¿Porque la maldición de aquel gitano les retumbaba en los oídos? Vamos a asfixiarlo de mimos y cariños para que no se le vaya a ocurrir lastimar a su viejo, no me hagan reír... me habrían querido igual sin la podrida maldición / soy carne de su carne y sangre de su sangre, es natural.

PAPÁ Y MAMÁ: Pero vos no sos hijo nuestro, hijo.

EDDY: MIERDA, LARGUEN EL ROLLO / VOMÍTENLO TODO / ABRAN EL PICO Y QUE SALGA TODA LA MIERDA ANTES DE QUE ME CAGUE EN LOS PANTALONES. EN OTRAS PALABRAS, DENLE A LA SINHUESO Y HABLEN. QUIERO SER TESTIGO DEL SERMÓN. NO SOY HIJO DE USTEDES. OH, QUÉ DOLOR DE HUEVOS.

ESPOSA: ¿No me diga que Eddy no es el fruto verdadero

de sus muslos bañados en sangre, que no salió de sus entrañas cubierto de cálida y pegajosa placenta, que no es la chispa en los ojos de su padre en la noche centelleante cuando separó las piernas de su mujer y descargó un chorro de caliente semen, que no la contempló como a un imán o a una estrella, o a una piedra preciosa en el rabillo del ojo / que no jadeó ni se le aceleró el pulso para producir este encantador pedazo de hombre súper delicioso, esta maravilla, macizo, adorable, este semental / que no la vio caminando de espaldas y le vinieron ganas de agarrarla por el culo y descargar la correspondencia en la ranura húmeda y maravillosa de su buzoncito?

MAMÁ: No, me temo que no.

ESPOSA: Carajo.

EDDY: Qué importa si soy adoptado / me importa una teta de mono.

PAPÁ: Fue así. Llantos y gemidos, alaridos y gritos. Yo estaba pescando cerca de Wapping, justo debajo del mirador de Whitby... un domingo apacible (te pesqué, qué sorpresa, un hijo, lo que más deseaba) tiré la línea, mientras los viejos cargueros zarpaban hacia Southend. El viejo puente de la Torre de Londres se abrió para dar paso a las chimeneas de los barcos, como una vieja puta perezosa del East End abriendo sus muslos... en cubierta gozaba del sol la gente de Bow, Whitechapel e Islington, con sus trajes ordinarios y sus collarcitos, todos bailando un poquito en la cubierta, los barcos oscilando, la cerveza como un río generoso... nosotros saludando desde las orillas mientras el viejo vapor corta el viejo y sucio Támesis, haciéndonos llegar sus olas, y sacudiendo a su paso nuestras barquitas. Cuando de repente, hijo / el sol en lo alto, Hitler que dejaba de ser un problema. Hace calor.

Churchill está al mando, por fin hay paz. Veinte millones muertos, incluidos mis dos chicos, en la radio suena "nos volveremos a ver", y "las yeguas comen avena y los ciervos comen avena y los corderitos comen hiedra", ¿te acordás? De pronto en esa calurosa tarde de agosto -no había bananas en los negocios y las golosinas estaban racionadas- acababan de aparecer las fotos de Auschwitz / miles de cuerpos entrelazados como spaghettis / todo hecho en nombre de Adolf / de repente en el tórrido día azul... están todos nadando, miralos, mirá toda la sangre y el petróleo, mala combinación, el cielo súbitamente ennegrecido. Una detonación infernal, y la carbonilla empieza a caer sobre nosotros, junto con pedazos de cuerpos, todos los peces muertos de infarto, vamos a dar una mano. Mirá, vamos a buscar ayuda, todos en el agua. Una odiosa bola nazi atestada de promesas de dolor y de nombres de futuros muertos hizo volar el barco de paseo hasta la luna, y ahora todos volvían a caer en un amasijo mortal de cerveza y copetines... vamos... "Te voy a dar una mano". Los estuvimos sacando toda la noche, los demás se hincharon como monstruos de feria. Ánimo, mamá, no se inquiete, aquí tiene una taza de té, ¿dónde está su Juancito?... bueno, bueno, ya va a ver que todo va a salir bien... ¿sabe nadar? No... oh. Lo encontraremos... ¿no es cierto, muchachos?... vamos a encontrar al pequeño sanguinolento... pasame tu linterna, Bert, sí, es una anciana, déme la mano, la voy a sacar... oh, no, es un muñón, se quedó en el agua... qué maldito puede haber hecho esto... más frazadas... traigan más té... somos muy pocos... no hay gente suficiente para dar abasto, ¿quién puede haber hecho algo así? ¿Qué clase de monstruo perverso puede haber empezado toda esta mierda?... si estuviera delante mío agarraría un cuchillo de carnicero y lo cortaría en finas tiras y se las tiraría a las ratas del río, y a cualquier hijo de puta que lo hubiera ayudado lo bañaría en un piletón de ácido... cuando todos se fueron y finalmente amaneció vimos lo que parecía ser un muñeco agarrado a un pedazo de madera pero al acercarnos vimos que se trataba de un mocoso de unos dos años que luchaba como Satán aferrándose con su manito a un enorme oso de peluche grasiento, que sin duda lo ayudó a mantenerse a flote. Tiramos el osito de vuelta a la mancha de aceite, y alzamos a la criatura que chorreaba petróleo como si fuera un negrito, no había nadie alrededor así que nos lo llevamos a casa y lo lavamos / era precioso / y mamá estaba como perro con dos colas viendo a esa pelota rechoncha y monona / "no quiero devolverlo", dijo Dinah, "¿es necesario?", preguntó. "No", dije "igual su madre pensará que ha muerto" / así que dejemos que lo siga pensando / "pero imaginate", solloza Dinah, "cómo va a sufrir su mamá verdadera, cómo lo va a extrañar, consumiéndose de agonía, llorando por esta porción de carne de sus entrañas, tan dulce, tan suave, tan preciosa" / "está bien", digo yo, "nos lo vamos a quedar por un día y después vamos y lo devolvemos". Un día que después se hicieron dos / y al cabo de una semana pensamos que el shock sería demasiado fuerte y que la madre legítima ya se habría resignado a tan triste pérdida.

ESPOSA: Oh, mierda, bosta y la concha de su madre. Acabo de mearme encima. *(Se desmaya.)*

EDDY: Mi queridísima esposa y ahora mi madre, según parece, esta señora era exactamente aquélla a la que le robaron el bebé / me contó la mismísma amarga historia en la que perdió a su Tony y si es que ustedes lo encontraron entonces yo soy él, ése que ustedes encontraron y que le pertenecía a ella era yo. Eso que te robaste y que le diste a ella antes era de ella... me alegro de verlos, buenos días, entonces yo vengo a ser la masa de carne chapoteante que salió del pubis de mi amada esposa, / oh ratas de la mierda / ustedes sí que abrieron la caja correcta esa vez, ¿no?, levantaron una piedra que ojalá hubieran dejado como estaba, con toda esa cosa horrenda, negra y pegajosa intacta, y no carcomiéndome el cerebro. Así que el hombre al que verbalicé a muerte era mi padre / el hombre en cuyo cerebro mis palabras hicieron estragos como una metralla de filosos bordes / era mi propio origen, oh pestilencia y brujería, los ojos se quiebran, se destrozan, se resquebrajan, en medio de enorme salpicada... / ¿Quién se ríe? Yo que quiero limpiar la ciudad / que detengo a la peste que destruyo a la esfinge / yo era el origen de tanto hedor / el hombre de principios resulta que se garcha a su madre / oh, jamás volveré a saborear la dulzura de la almohada de mi querida esposa... nunca más... nunca... así que salí corriendo de mi adorable nidito, antes tan lleno de amor y ahora desbordando horrores / el horror del incesto, de pobres bebés en camino que si llegan a venir sin duda se transformarán en monstruos de seis dedos, de dos cabezas / pobre Eddy. Oh, esta locura retorciéndome el cerebro / deambulé por las calles podridas y apestadas y fui testigo de tantos viejos y tantos acabados / esas caras curiosas mirando fijo desde sus inertes alojamientos de vinilo / las sombras trémulas de los televisores / me senté en cafés y pensé en mi esposa, tan deseada, tan suculenta, acaramelada y mientras estaba sentado con la mirada fija en esas caras reumáticas y esas almas muertas con sus esposas verdaderas enquistadas para siempre en un yeso de monótono compromiso, mi pro-

pia esposa me parecía una princesa / fijé su imagen en
el horizonte como una luna en cuarto creciente y me
perdí para siempre en la contemplación del espacio / y
cuando el café cerró me quedé ahí sentado mirando,
para siempre, para siempre, hice correr por mi mente
todas las combinaciones posibles de su rostro y su sonrisa y sus ojos y cada gesto y cada curva de sus labios,
me quedé sentado proyectando su imagen sobre la
luna y repasé cada página de nuestra vida juntos como
una enorme biblia de eventos mágicos, examiné cada
rasgo de su paisaje y devoré cada una de sus partes y
amé cada una de las partes que sumadas daban como
resultado esta criatura, mi esposa. Y entonces la luna
viró al rojo sangre / las nubes atravesaron su cara a la
carrera y fueron sus cabellos y luego sus ojos y los
vientos arrastraron su cabello sobre el rostro / como
cuando paseábamos juntos por los campos y los bos-
ques, cuando los árboles se estremecían y el sol nos
besaba y el universo nos envolvía en su capa de estrellas
y de lluvias y de hierba aplastada, y de helados y té y
dedos entrelazados / abrazame fuerte / abrazame bien
y yo te sostendré en mis brazos para no soltarte jamás,
abrazame, qué importa que seas mi madre, te amaré
aunque sea tu hijo / ¿acaso nos causamos algún dolor,
acaso nos matamos uno al otro, acaso mutilamos o
somos asesinos, acaso nos herimos perversamente?
Sólo amamos, así que no importa madre, madre no
importa. ¿Por qué tendría que arrancarme los ojos a
la griega, por qué tendrías que ahorcarte? / ¿has visto
algún niño nacido de madre e hijo? / no. ¿Y yo? Tampoco. Entonces, ¿cómo sabemos que es tan malo?, ¿es
necesario que me torture tanto? ¿Quién...? ¿Yo? Con
uñas y dedos arrancar y recoger estas bolas tiernas y
tibias de temblorosa gelatina empapada en sangre.

Edipo, cómo pudiste hacerlo, no volver a ver la cara áurea de tu mujer, no volver a posar en ella tus ojos, ni ella los suyos en vos. ¿Qué pecado he cometido? Yo soy la plaga infecta, arráncátelos, Eddy, destrípalos, sacátelos a cucharadas como si fueran bolas de helado, una leve presión de los pulgares detrás de las órbitas y apretar, arrancalos y estiralos hasta que se corte el nervio. Cae la oscuridad. A la mierda con todo. Prefiero desandar corriendo el camino y arrancar las sábanas, contemplar el cuerpo dorado de mi mujer y trepar hasta su santuario, trepar y entrar en él hasta que sólo se me viera la cabeza y esconderme allí a salvo y reconfortado. Sí, quiero volver a entrar en mi mamá. ¿Qué tiene de malo? Es mejor que andar metiéndole un cartucho de dinamita a alguien en el culo y que encima te den una medalla. Así que vuelvo corriendo. Corro y corro con el pulso a mil y los pies molidos, es amor lo que siento, es amor, qué importa la forma que tenga, es amor lo que siento por tus senos, por tus pezones que he chupado dos veces / por tu vientre dos veces conocido / por tus manos dos veces acariciadas / por tu aliento que he olido dos veces, tus muslos, tu concha dos veces conocida, una vez con la cabeza por delante y otra vez más aun, esta segunda con la verga, amada vagina de mi bendita madre esposa / amorosa fuente de tu esencia / puerta de salida del paraíso / de entrada al cielo.

(Apagón.)

ÍNDICE

Se terminó de imprimir en
Artes Gráficas Piscis S.R.L., Junín 845,
(C1113AAA) Buenos Aires, Argentina.
Mes de Mayo de 2005